D1641687

MIX
Papier aus verantwortungsvollen Quellen
Paper from responsible sources
FSC® C105338

Gerhard Distler

Der CO2 Zertifikatehandel und sein Einfluss auf die Unternehmensbewertung

Diplomica Verlag GmbH

Distler, Gerhard: Der CO2 Zertifikatehandel und sein Einfluss auf die
Unternehmensbewertung. Hamburg, Diplomica Verlag GmbH 2013

Buch-ISBN: 978-3-8428-9499-0
PDF-eBook-ISBN: 978-3-8428-4499-5
Druck/Herstellung: Diplomica® Verlag GmbH, Hamburg, 2013

Bibliografische Information der Deutschen Nationalbibliothek:
Die Deutsche Nationalbibliothek verzeichnet diese Publikation in der Deutschen
Nationalbibliografie; detaillierte bibliografische Daten sind im Internet über
http://dnb.d-nb.de abrufbar.

Das Werk einschließlich aller seiner Teile ist urheberrechtlich geschützt. Jede Verwertung
außerhalb der Grenzen des Urheberrechtsgesetzes ist ohne Zustimmung des Verlages
unzulässig und strafbar. Dies gilt insbesondere für Vervielfältigungen, Übersetzungen,
Mikroverfilmungen und die Einspeicherung und Bearbeitung in elektronischen Systemen.

Die Wiedergabe von Gebrauchsnamen, Handelsnamen, Warenbezeichnungen usw. in
diesem Werk berechtigt auch ohne besondere Kennzeichnung nicht zu der Annahme,
dass solche Namen im Sinne der Warenzeichen- und Markenschutz-Gesetzgebung als frei
zu betrachten wären und daher von jedermann benutzt werden dürften.

Die Informationen in diesem Werk wurden mit Sorgfalt erarbeitet. Dennoch können
Fehler nicht vollständig ausgeschlossen werden und die Diplomica Verlag GmbH, die
Autoren oder Übersetzer übernehmen keine juristische Verantwortung oder irgendeine
Haftung für evtl. verbliebene fehlerhafte Angaben und deren Folgen.

Alle Rechte vorbehalten

© Diplomica Verlag GmbH
Hermannstal 119k, 22119 Hamburg
http://www.diplomica-verlag.de, Hamburg 2013
Printed in Germany

Inhaltsverzeichnis

1. Einleitung

1.1. Problemstellung

Mit Beginn des neuen Jahrtausends wurde man sich bewusst, dass es, sofern nicht ehest möglich Gegenmaßnahmen eingeleitet werden, zu einem radikalen Klimawandel infolge der Treibhausgasemissionen kommt. Die Menschheit war anno dazumal bestrebt, Maßnahmen zu setzen, um in eine bessere Zukunft zu starten. Eine solche weltweite Maßnahme stellt das Kyoto-Protokoll dar. Dieses im April 2002 abgeschlossene Protokoll regelt die Maßnahmen, die zur Reduktion von Treibhausgasen ergriffen werden sollten *[Vgl. Richtlinie 2003/87/EG (4)]*. Eine EU-weite Richtlinie zu diesem Themenkomplex wurde 2003 herausgegeben *[Vgl. Richtlinie 2003/87/EG]*. Diese Richtlinie, 2003/87/EG, ist die maßgebliche Vorschrift für die Emissionreduktion innerhalb der Europäischen Union. Unter anderem werden in der Richtlinie sowie im Kyoto-Protokoll auch die Mechanismen erwähnt, durch deren Einsatz die Reduktion der Treibhausgasemissionen erreicht werden sollte. Dabei haben Unternehmen folgende Möglichkeiten: Zertifikatehandel, Joint Implementation, Clean Development Mechanism oder eine Abgabe in Form von Steuern, sofern Anlagen kurzfristig ausgenommen werden *[Vgl. Richtlinie 2003/87/EG (18f)]*. Genau diese Mechanismen lösen Zahlungsströme aus, die einen Einfluss auf den berechneten Unternehmenswert aufweisen. Da diese Zahlungsströme sehr unsicher sind, besteht in jeder durchgeführten Unternehmensbewertung ein gewisses Restrisiko, ob die angenommenen Fakten auch tatsächlich so eintreffen. Und mit diesem Zusammenhang beziehungsweise mit diesem Einfluss in der Bewertung von Unternehmen setzt sich dieses Buch auseinandersetzen. Da zur Bewertung von Unternehmen mehrere Verfahren möglich sind, so hängt das Ergebnis der Bewertung (= Unternehmenswert) stark vom gewählten Bewertungsverfahren ab, wie wir später noch sehen werden.

1.2. Ziel

Mit diesem Buch werden die Auswirkungen der verschiedenen Einflüsse, die durch das Kyoto-Protokoll ausgelöst werden, auf die Unternehmensbewertung dargestellt. Szenarien, die mit fiktiv angenommenen Zahlen erarbeitet werden, sollen die essentiellen Abweichungen auf Grund des Zertifikatehandels im Ergebnis der Unternehmensbewertung aufzeigen und als Grundlage der Plausibilitätsprüfung dienen. Da die Szenarien mit zwei verschiedenen Bewertungsverfahren ausgeführt werden, sollte noch Aufschluss darüber geben werden, welche Abweichungen im errechneten Unternehmenswert auf Grund des verwendeten Verfahrens entstehen.

2. Das Kyoto-Protokoll

2.1. Historische Entwicklung des Kyoto-Protokolles

Um die Thematik beziehungsweise den Hintergrund des Zertifikatehandels besser verstehen zu können, wird zum Einstieg der Prozess der Implementierung des Kyoto-Protokolles und der EU weiten Richtlinie 2003/87/EG erläutert. Schon Anfang der 80er Jahre war man sich bei der Genfer Klimakonferenz bewusst, dass sich das Klima in absehbarer Zeit stark ändern wird, sofern sich das globale Verhalten nicht ändert *[Vgl. Online 4]*. Um das Problem der kontinuierlich steigenden Treibhausgasemissionen deutlicher zu machen, wurde die Entwicklung der Emissionen im Zeitablauf von 1990 bis 2008 abgebildet:

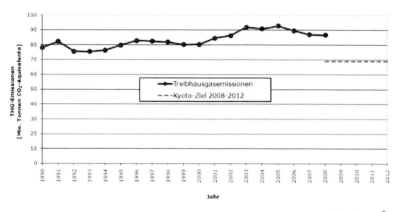

umweltbundesamt[©]

Abbildung 1: Darstellung der THG-Emissionen im Zeitablauf, **Quelle:** Online 5

Erläuterung Abbildung 1: Diese Grafik zeigt die Entwicklung der THG Emissionen im Zeitablauf. Wie deutlich zu erkennen ist, steigen die Emissionen seit dem Referenzjahr für das Kyotoprotokoll, 1990, stetig an. Im Vergleich dazu, wurden in blauer Farbe jene Werte markiert, die das Kyotoziel abbilden. Angesichts der beiden Linien ist deutlich erkennbar, dass in den vergangenen Perioden die Emissionen laufend gestiegen sind und mehr Emissionen erzeugt wurden, als dies nach dem Kyoto-Protkoll zulässig wäre.

Als Folge der Genfer Klimakonferenz wurden zahlreiche Konferenzen abgehalten um ein Problembewusstsein zu schaffen und eine Lösung auszuarbeiten. Es wurden zwischenzeitlich verschiedene Protokolle auferlegt, ehe es dann im März 2001 zu einem ersten Durchbruch innerhalb der Europäischen Gemeinschaft kam. Man einigte sich innerhalb der Europäischen Union mit dem Grünbuch als Grundlage für eine effiziente Umweltbelastung in Form des Handels mit Treibhausgas-emissionsrechten *[Vgl. Richtlinie 2003/87/EG (1)]*. Dieses Grünbuch sah vor, dass zur Klimaverbesserung ein Treibhausgasemissionszertifikate Handelssystem einge-führt werden sollte. Mit Hilfe des sechsten Aktionsprogramms der europäischen Gemeinschaft konnte eine Übereinkunft über ein zukünftiges Handelssystem für Zertifikate getroffen werden. Das Handelssystem sollte bis 2005 fertig eingerichtet werden.

Weitere Eckpunkte in diesem europäischen Programm sind, dass sich die Gemein-schaft zur Verringerung der Treibhausgasemissionen in dem Zeitraum 2008 bis 2012 um 8% gegenüber dem Emissionsstand von 1990, global betrachtet sollte eine Verringerung um 70% gegenüber dem Referenzjahr 1990 möglich werden, ver-pflichtet *[Vgl. Richtlinie 2003/87/EG (2)]*. Durch die Entscheidung 2002/358/EG wurde das Inkrafttreten des Kyotoprotokolls zur Senkung der Treibhausgasemissio-nen bestätigt. Somit wurde die Grundlage des heutigen Zertifikatehandels geschaf-fen.

Um eine effiziente Zuteilung der Zertifikate an die einzelnen Mitgliedsstaaten zu ermöglichen, wurde durch die Entscheidung 93/389/EWG vom 24. Juni 1993 ein Beobachtungssystem festgelegt. *[Vgl. Richtlinie 2003/87/EG (6)]*. Auf Grund der emittierten Treibhausgase in diesem dreijährigen Beobachtungszeitraum von 2005 bis 2007, wurden anschließend die Zertifikate den einzelnen Staaten zugeteilt. Innerhalb von den Staaten wurde nach festgelegten Kriterien den einzelnen Anla-gen die Verschmutzungsrechte zugewiesen *[Vgl. Richtlinie 2003/87/EG (6)]*. Welche Tätigkeiten beziehungsweise Anlagen von dem Zertifikatehandel betroffen sind, wird später noch in Kapital 2.3. näher erläutert.

2.2. Zuteilung der Zertifikate

Bevor auf die Zuteilungsmechanismen der Emissionsrechte in Form der Zertifikate näher eingegangen wird, wird vorab nochmals erklärt, was unter einem Zertifikat verstanden wird. Prinzipiell kann der Begriff Zertifikat folgendermaßen definiert werden:

> *„Umweltzertifikate sind handelbare Wertpapiere, die ihren Besitzern das Recht geben, während einer bestimmten Periode eine limitierte Anzahl genau definierter Schadstoffe an die Umwelt abzugeben."* *[Frei, 1993: 96]*.

In der Richtlinie 2003/87/EG des europäischen Parlaments und des Rates wurde der Begriff Zertifikat folgendermaßen definiert:

> *„In dieser Richtlinie bezeichnet der Ausdruck ‚Zertifikat' das Zertifikat, das zur Emission von einer Tonne Kohlendioxidäquivalent in einem bestimmten Zeitraum berechtigt."* *[Richtlinie 2003/87/EG, Artikel 3]*.

Unter der Hoffnung, dass durch die beiden Definitionen aus der Literatur der abstrakte Begriff „Zertifikat" besser vorstellbar ist, wird mit der Zuteilung der Zertifikate fortgesetzt.

Die Zuteilung der Zertifikate erfolgte erstmals für den Fünfjahreszeitraum von 2008 bis 2012 auf Basis des dreijährigen Beobachtungszeitraumes von 2005 bis 2007.

Bei der Zuteilung der Zertifikate kann aus zwei möglichen Varianten gewählt werden, Grandfathering oder Versteigerung *[Vgl. Frey, 1993: 96]*. Beim Grandfathering werden die Zertifikate kostenlos dem Verschmutzer, an das jeweilige Land und in weiterer Folge den verursachenden Unternehmen, zugeteilt. Im Vergleich dazu wird bei der Versteigerung das Recht auf Verschmutzung entgeltlich erworben *[Vgl. Frey, 1993: 96]*. Bisher bekamen die Mitgliedsstaaten mindestens 90% der zugeteilten Emissionsrechte durch Grandfathering *[Vgl. Richtlinie 2003/87/EG, Artikel 10]*.

Die restlichen 10% mussten käuflich durch den Emittenten erworben werden.

Zu den genauen, für die europäische Union – im speziellen Österreich – betreffenden Zuteilungsregeln wird später noch Bezug genommen. Hier sollten nur die generellen Möglichkeiten der Zuteilungsverfahren angeführt werden.

Sind nun mal die Zertifikate den einzelnen Verursachern zugeteilt, so besteht die Möglichkeit, sofern dies die Emissionen erforderlich machen beziehungsweise ermöglichen, dass mit den Zertifikaten Handel betrieben wird. Nicht benötigte Zertifikate können an nachfragende Unternehmen oder Staaten weiterverkauft werden. Umgekehrt können Unternehmen, bei denen die Emissionen den Emissionswert der zugeteilten Zertifikate übersteigen, zusätzliche Emissionszertifikate am Markt kaufen. Der Preis wird durch den Marktmechanismus von Angebot und Nachfrage auf den nationalen Börsen festgelegt. Dass dieser Handelspreis sehr volatil ist und somit als erheblicher Einflussfaktor bei der Beurteilung der Zahlungsströme in der Unternehmensbewertung gilt, sollen nachfolgende Preise der Zertifikate in Österreich darstellen:

- 28. Juni 2005 (Erster Handelstag im dreijährigen Beobachtungszeitraum von 2005 – 2007) – Zertifikatepreis 23,95 €uro je Einheit *[Vgl. Online 7]*.
- 4. Februar 2009 – Zertifikatepreis 9,90 €uro je Einheit *[Vgl. Online 6]*.

Der Preisverfall der Zertifikate wird durch nachfolgende Grafik nochmals deutlich dargestellt:

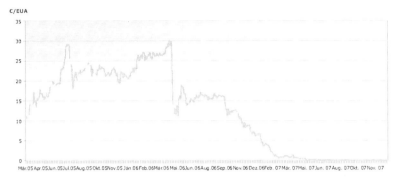

Abbildung 2: Darstellung der Preisentwicklung von Zertifikaten 2005 – 2007, **Quelle:** Online 8

> *Erläuterung Abbildung 2: Diese Grafik zeigt die Entwicklung des Zertifikatepreis von 2005 bis 2007. Die Darstellung untermauert auch die fallende Entwicklung im Zeitraum von 2005 (erstmaliger Handelstag in Österreich) bis Februar 2009.*

Aus dem Preisverfall wird abgeleitet, dass zurzeit mehr Zertifikate am Markt vorhanden sind, als von den Emittenten nachgefragt werden.

Unter dem Aspekt, dass mit Ende 2012 der erste Fünfjahreszeitraum ausläuft, könnte der Zertifikatepreis bis zum Ende dieser Periode wieder steigen, wenn die Unternehmen bis dorthin mehr Emissionen emittieren, als Zertifikate zugeteilt wurden.

2.3. Betroffene Tätigkeiten

2.3.1 Allgemeine Informationen

Im Anhang 1 der Richtlinie 2003/87/EG sind all jene Tätigkeiten aufgezählt, für welche Zertifikate abgegeben werden müssen. Dabei wird zwischen vier großen Tätigkeitsbereiche unterschieden: Energieumwandlung und –umformung, Eisenmetallerzeugung- und verarbeitung, Mineralverarbeitende Industrie und Industrieanlagen, die zur Herstellung von Zellstoff aus Holz und etwaigen anderen Faserstoffen verwendet werden und Industrieanlagen zur Produktion von Papier beziehungsweise Pappe, wobei bei den zuletzt genannten Industrieanlagen nur Zertifikate abgegeben werden müssen, sofern die Produktionskapazität über 20 Tonnen pro Tag liegt *[Vgl. Richtlinie 2003/87/EG, Anhang 1]*.

Tätigkeiten	Treibhausgase
Energieumwandlung und -umformung	
Feuerungsanlagen mit einer Feuerungswärmeleistung über 20 MW (ausgenommen Anlagen für die Verbrennung von gefährlichen oder Siedlungsabfällen)	Kohlendioxid
Mineralölraffinerien	Kohlendioxid
Kokereien	Kohlendioxid
Eisenmetallerzeugung und -verarbeitung	
Röst- und Sinteranlagen für Metallerz (einschließlich Sulfiderz)	Kohlendioxid
Anlagen für die Herstellung von Roheisen oder Stahl (Primär- oder Sekundärschmelzbetrieb), einschließlich Stranggießen, mit einer Kapazität über 2,5 Tonnen pro Stunde	Kohlendioxid
Mineralverarbeitende Industrie	
Anlagen zur Herstellung von Zementklinker in Drehrohröfen mit einer Produktionskapazität über 500 Tonnen pro Tag oder von Kalk in Drehrohröfen mit einer Produktionskapazität über 50 Tonnen pro Tag oder in anderen Öfen mit einer Produktionskapazität über 50 Tonnen pro Tag	Kohlendioxid
Anlagen zur Herstellung von Glas einschließlich Glasfasern mit einer Schmelzkapazität über 20 Tonnen pro Tag	Kohlendioxid
Anlagen zur Herstellung von keramischen Erzeugnissen durch Brennen (insbesondere Dachziegel, Ziegelsteine, feuerfeste Steine, Fliesen, Steinzeug oder Porzellan) mit einer Produktionskapazität über 75 Tonnen pro Tag und/oder einer Ofenkapazität über 4 m³ und einer Besatzdichte über 300 kg/m³	Kohlendioxid
Sonstige Industriezweige	
Industrieanlagen zur Herstellung von	Kohlendioxid
a) Zellstoff aus Holz und anderen Faserstoffen	
b) Papier und Pappe mit einer Produktionskapazität über 20 Tonnen pro Tag	Kohlendioxid

Abbildung 3: Kategorien von Tätigkeiten, **Quelle:** Richtlinie 2003/87/EG: 11

Erläuterung Abbildung 3: In dieser Tabelle sind alle Tätigkeiten aufgelistet, für die Emissionszertifikate benötigt werden. Besonders energieintensive und verarbeitendende Branchen sind, wie man an der Aufstellung erkennen kann, von den Regelungen des Kyoto-Protokolles betroffen. Allerdings werden in den verschiedenen Sektoren die Abgabe von Zertifikaten teilweise durch Mengenbeschränkungen wiederum Einschränkungen auferlegt.

Explizit von dieser Abgabenvorschrift ausgenommen sind Anlagen oder Teilbereiche von Anlagen, die nur für Zwecke der Forschung, Entwicklung und Überprüfung von neuen Produkten und Verfahren eingesetzt werden *[Vgl. Richtlinie 2003/87/EG, Anhang 1]*.

2.3.2. Exkurs: Tätigkeiten im nationalen Kontext am Beispiel VOEST

In Österreich sind vor allem Unternehmen, wie VOEST, der Feuerfestkonzern RHI oder der Kartonhersteller Mayr-Melnhof von den Auflagen betroffen.

Die VOEST muss auf Grund ihrer Tätigkeit am Zertifikatehandel partizipieren. Dadurch entstehen dem Unternehmen zusätzliche Kosten wegen des Zertifikatehandels. Da der Konzern mehr Zertifikate auf Grund seiner getätigten Emissionen benötigt als zugeteilt worden sind, tätigt die VOEST jährlich hohe Investitionen um durch den Einsatz umweltfreundlicher Technologien die Emissionen laufend zu verringern. Die Investitionen in nachhaltigere Technologien wurden vor allem deshalb getätigt, um einen Zukauf von weiteren Emissionsrechten so gering wie möglich zu halten *[Vgl. Geschäftsbericht 2008/2009: 37ff]*. Einen Überblick über die jährliche Investitionssumme in umweltfreundlichere Technologien gibt nachfolgende Grafik:

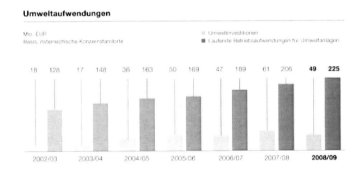

Abbildung 4: Jährliche Umweltaufwendungen VOEST AG, **Quelle:** VOEST AG Geschäftsbericht 2008/2009: 38

Erläuterung Abbildung 4: Die Abbildung stellt die Entwicklung der Umweltinvesti-tionen in den vergangen Jahren der VOEST dar. Auf Grund von dem sehr hohen Zertifikateverbrauch wird versucht, durch Investitionen in umweltfreundlichere Technologien einen Teil der Zertifikatzukäufe dadurch zu vermeiden.

Wie in der Erläuterung schon näher erwähnt, versucht die VOEST durch den Einsatz von umweltfreundlicheren Technologien Emissionsreduktionen durchzuführen. Zum Beispiel konnte durch das Erreichen der zweiten Ausbaustufe bei einer Anlage zur Eindüsung von Koststoffabfällen in den Hochöfen am Standort Linz mehr als 500.000 Tonnen CO_2 vermieden werden. Für dieses Engagement erhielt der Stahl-baukonzern eine Auszeichnung verliehen *[Vgl. Geschäftsbericht 2008/2009: 38f]*. Als Folge von verminderten Emissionsmengen, muss die VOEST weniger Zertifikate abgeben, beziehungsweise weniger Emissionsrechte zukaufen, sofern die zugeteilte Zertifikatemenge nicht mit den tatsächlich verursachten Schmutzmengen überein-stimmt.

2.4. Mechanismen

2.4.1. Allgemeine Informationen

Anhand des gezeigten Beispieles an der VOEST wurde erkennbar, dass das Linzer Stahlunternehmen auf Grund von Eigeninitiativen versucht, den Ausstoß von CO_2 Gasen zu vermindern und in Folge dessen einen niedrigern Zertifikateverbrauch zu verbuchen. Diese Maßnahme des Vermeidens durch umweltfreundliche Technolo-gien trifft nur auf einen Kyotomechanismus zu: dem Emissionshandel.
Im Kyoto-Protokoll werden drei verschiedene Mechanismen eingesetzt: Joint Implementation, Emissionshandel und der Clean Development Mechanism *[Vgl. Binder et. al 2005: 49]*.

Um zusätzlich zu den vereinbarten Reduktionsmengen die oben erwähnten Mechanismen verwenden zu dürfen, müssen die Staaten folgende Vorrausetzungen erfüllen:

- Die Staaten müssen das Kyoto-Protokoll ratifiziert haben.
- Der jeweilige Staat muss selbst die Emissionsreduktionsziele auf sich genommen haben und folglich ein Annex B Staat sein.
- Der Staat muss ein nationales Emissionsbudget erstellt haben und ein Handelssystem implementiert haben, so dass eine Grundlage für Transaktionen im Zusammenhang mit Emissionsrechten vorhanden ist.

2.4.2. Joint Implementation

Das Instrument des Joint Implementation wurde bei den Klimagesprächen erstmals in Norwegen 1991 erwähnt. Seit der UNCED-Konferenz 1992 in Rio de Janeiro ist dieser Mechanismus bei Klimaverhandlungen nicht mehr wegzudenken *[Vgl. Rentz, 1995: 179]*. Joint Implementation, des übersetzt „Kompensation" bedeutet, ist ein sehr effizientes Tool um vorgegebene Klimaziele zu erreichen. Dabei wird auf die Möglichkeit der Kompensation beziehungsweise der Anrechenbarkeit von Senken länderintern und länderübergreifend zurückgegriffen *[Vgl. Rentz, 1995: 179f]*. Hintergrund des Joint Implementation stellen die verschieden hohen Vermeidungskosten dar. Diese verschiedenen Vermeidungskosten entstehen vor allem durch die unterschiedlichen Effizienzen im Produktionsablauf *[Vgl. Binder et. al, 2005: 49f]*.

Das Instrument kann innerhalb eines Landes zwischen zwei verschiedenen Unternehmen oder länderübergreifend angewandt werden. Bei der länderübergreifenden Durchführung von Kompensationen muss das kompensierende Unternehmen Investitionen im Gastland durchführen. Solche Investitionen können die Bereitstellung von nicht mehr benötigten Anlagen oder Aufforstungsmaßnahmen sein. Da zumeist das Gastland ein noch nicht so entwickeltes Industrieland wie das kompensierende Land ist, reicht zu meist schon der Verkauf von ausgedienten Produktionsanlagen des Industrielandes aus, um eine Einsparung im Gastland zu erreichen. Diese erzielte Einsparung kann sich wiederum das Unternehmen, welches sich im kompensierenden Land befindet, auf seine selbstgetätigten Emissionen anrechnen lassen *[Vgl. Binder et. al, 2005: 50]*. Die Emissionsverminderung wird in ERU's (Emission Reduction Units) gemessen.

Diese Maßnahme des Joint Implementation basiert allerdings auf einem freiwilligen Engagement, daher wird diese Möglichkeit nur zusätzlich zu den im jeweiligen Land geltenden Reduktionsmassnahmen beachtet *[Vgl. Binder et. al, 2005: 50]*.

Abgesehen von den ökologischen Vorteilen kann eine länderübergreifende Kompensation auch weitere Vorteile, wie zum Beispiel Technologietransfer in Entwicklungsländern oder einen Beschäftigungszuwachs im Gastland, bedeuten. Diese positiven Effekte sollten bei der Anwendung des Joint Implementation Mechanismus nicht außer Acht gelassen werden *[Vgl. Binder et. al, 2005: 51]*.

Zum besseren Verständnis, wie die länderübergreifende Kompensation abläuft, wurde der Mechanismus nochmals grafisch in Abbildung 5 dargestellt.

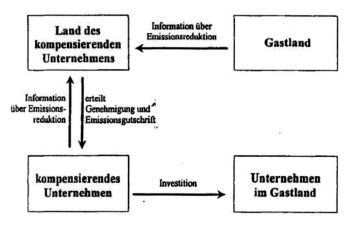

Abbildung 5: Joint Implementation, Länderübergreifend, **Quelle:** Rentz, 1995: 181

Erläuterung Abbildung 5: Diese Abbildung stellt die Möglichkeit der länderüber-greifenden Kompensation dar. Vorraussetzung für das Funktionieren dieses Me-chanismus ist, dass das kompensierende Land Investitionen im Gastland tätigen muss, welche zu Emissionsreduzierungen führen und als Grundlage der Anrech-nung im Land des kompensierenden Unternehmens dienen.

2.4.3. Clean Development Prozess

Der CDM (Clean Development Mechanismus) ist einer von drei Mechanismen des Kyoto-Protokolls *[Vgl. Online 12]*. Die Funktionsweise ähnelt sehr stark jenem des Joint Implementation, allerdings gibt es dafür nähere Bestimmungen beziehungs-weise Vorraussetzungen als bei der Anwendung von Joint Implementation *[Vgl. Online 1]*.

Die genauen Vorgaben für die Anwendbarkeit des Clean Development Mechanis-mus sind in Artikel 12 des Kyoto-Protokolles geregelt und wurden im Jahr 2001 auf einer Klimakonferenz in Mexiko im Ort Marrakesch umgesetzt. Alle Clean Deve-lopment Mechanismus Projekte müssen vor der Umsetzung von einer Behörde geprüft und anschließend zugelassen werden. Ebenso wurden genaue Regelungen über die Art der Projekte festgelegt *[Vgl. Online 1]*.

Die Funktionsweise sieht folgendermaßen aus: Es wurde vereinbart, dass es sich nur dann um ein Clean Development Projekt handelt, wenn das Projekt gemeinsam von einem Industrieland mit der Verpflichtung, eine Reduktion von Treibhausgas-emissionen vorzunehmen, gemeinsam mit einem Entwicklungsland ohne Redukti-onsverpflichtung durchgeführt wird. Das Industrieland kann sich dabei die Redukti-onen im Entwicklungsland im eigenen Land wiederum anrechnen lassen *[Vgl. Online 1]*.

Ziel eines solchen Projektes ist vor allem eine kostengünstigere Möglichkeit zur Erreichung der vereinbarten Reduktionen im Industrieland. Weiters soll der Tech-nologietransfer den Entwicklungsländern helfen, eine nachhaltige Entwicklung zu ermöglichen *[Vgl. Online 12]*.

Als Beispiel für ein Clean Development Abkommen könnte eine Vereinbarung zwischen einem Industrieland und Entwicklungsland über die Aufforstung von Grünflächen sein. Durch die nachhaltige Aufforstung von Grünflächen ist es dem Entwicklungsland möglich, so mehr Emissionen aufzunehmen und dadurch eine Reduktion von Treibhausgasen zu ermöglichen. Als Gegenleistung für die Kosten der Begrünung erhält das Industrieland die Möglichkeit, sich die durch die Grünflächen erreichte Reduktion im eigenen Land auf dessen Emissionen anrechnen zu lassen *[Vgl. Online 11]*.

Ein weiteres Beispiel wäre eine Investitionstätigkeit eines Industrielandes in einem Entwicklungsland in Form von der Übergabe von neuwertigeren Produktionsanlagen. Da in den meisten Fällen im Industrieland die Produktionsanlagen nicht mehr am aktuellsten Stand der Technik sind, wird versucht, durch die Übertragung von Produktionsanlagen an ein Unternehmen in einem Entwicklungsland dort Reduktionen bei den Treibhausgasemissionen zu erreichen. Dies wird im Normalfall schon durch die Verwendung der veralteten Produktionsanlagen des Industrielandes erreicht, da diese im Regelfall effizienter arbeiten als die noch älteren Maschinen im Entwicklungsland. Die dadurch erreichten Senken können wiederum im Staat des Industrielandes angerechnet werden. Dieses zweite Beispiel zeigt vor allem wie ein Clean Development Prozess durch einen Technologietransfer ermöglicht wird.

2.4.4 Emissionshandel

Schon unter Punkt 2.1. wurden die verschiedenen Aspekte dieses Mechanismus anhand der Entstehung des Kyoto Protokolls kurz erläutert. Der Zertifikatehandel stellt neben dem Joint Implementation und Clean Development Mechanismus die dritte Möglichkeit dar, die gesetzten Vermeidungsziele zu erreichen. In Artikel 1 der Richtlinie 2003/87/EG vom 13. Oktober 2003 wurde mit dem Zertifikatehandel ein System für den Treibhausgasemissionszertifikatehandel geschaffen, um auf effiziente und nachhaltige Weise eine Verringerung der Treibhausgasemissionen weltweit zu erreichen *[Vgl. Richtlinie 2003/87/EG (1)]*.

Ein Zertifikat verbrieft das Recht für einen Emittenten, eine gewisse Menge an CO_2 Emissionen freizusetzen *[Vgl. Frei, 1993: 96]*. Auf Grund des festgelegten Beobachtungszeitraumes von drei Jahren, von 2005 bis 2007, wurden dann erstmalig im Jahr 2008 Zertifikate zur Reduktion von Treibhausgasemissionen zugeteilt. Die Zuteilung erfolgte auf Grund der Beobachtungsergebnisse im Dreijahreszeitraum. 90% der zugeteilten Zertifikate für den ersten Fünfjahreszeitraum wurden mittels dem „Grandfathering" ausgegeben. Das heißt, die Unternehmen erhalten 90% der zugeteilten Zertifikate kostenlos, für die restlichen 10% müssen finanzielle Mittel aufgewendet werden *[Vgl. Richtlinie 2003/87/EG (10)]*. Eine weitere Möglichkeit die Zertifikate zwischen den Emittenten zu verteilen, wäre diese zu versteigern *[Vgl. Frey, 1993: 54]*.

Jedes Jahr müssen die Unternehmen bis Ende April des Folgejahres Ihre verbrauchten CO_2 Zertifikate bei der Registerstelle melden, damit diese die Abbuchung vom Zertifikateguthaben durchführen kann. *[Vgl. Fleischer, 2005: 3]*. Um diese Verpflichtung verbindlich erscheinen zu lassen, wird bei Nichtbefolgung der Übermittlung der verbrauchten Zertifikate eine Strafzahlung im Ausmaß von 100 €uro je Tonne ausgestoßenem CO_2 fällig. Diese verhängte Strafzahlung befreit das Unternehmen allerdings nicht von der Mitteilung der verbrauchten Zertifikate *[Vgl. Fleischer, 2005: 3]*.

Verfügt ein Unternehmen über zu viele Zertifikate, kann dieses die zuviel zugeteilten Zertifikate an andere Unternehmen verkaufen, umgekehrt ist es Unternehmen möglich, die zu wenig Verschmutzungsrechte zugeteilt bekommen haben, zusätzliche Mengen an Zertifikaten am Markt zu kaufen *[Vgl. Frey, 1993: 53]*.

Der Handel mit Zertifikaten basiert auf einem künstlich geschaffenen Markt über eine Börse. In Österreich wickelt die EXAA den Handel mit den Umweltzertifikaten ab *[Vgl. Online 16]*. Seit deren Gründung im Jahr 2002 konnte sich die österreichweit erste Börse für Energiehandel stetig am Markt etablieren. Seit 2005 werden an der EXXA auch CO_2 Zertifikate gehandelt. *[Vgl. Online 16]*. Aktuell – die verwendeten Werte wurden der Informationsbroschüre der EXAA Börse aus dem Jahr 2009 entnommen – werden die Verschmutzungsrechte in Intervallen zu einer Mindestmenge von einer Tonne zu einem Preis 0,2 €uro gehandelt *[Vgl. Online 17]*.

2.4.5. Exkurs: Ausgleichs- und Glockenpolitik

Den Emissionszertifikaten ähnlich marktwirtschaftlich orientierte Instrumente stellen die aus den Vereinigten Staaten importierten Möglichkeiten von Ausgleichs- und Glockenpolitik dar.

Die Ausgleichspolitik stellt vor allem die Bewilligung neuer CO_2 emittierende Anlagen in den Mittelpunkt. Neue Anlagen werden nur unter der Voraussetzung bewilligt, sofern die neu dazustoßenden Emissionen durch eine Kompensation an einer anderen Anlage wieder eingespart werden können. Die Einsparungen können wiederum wie Emissionszertifikate zwischen Unternehmungen gehandelt werden. *[Vgl. Frey, 1993: 98].*

Bei der Glockenpolitik wird über eine bestimmte vorher festgelegte Emittentengruppe eine imaginäre Blase gezogen, die zeitgleich eine Emissionsvorgabe vorgeschrieben bekommt. Durch das Einführen einer imaginären Blase wird der Zertifikatehandel zwischen den Unternehmen gefördert. Der Staat gibt die maximal zulässige Emissionsmenge vor, die die Unternehmen unter der Glocke maximal emittieren dürfen. Will jetzt ein Unternehmen eine neue Anlage in Betrieb nehmen, die zusätzliche Schadstoffe emittiert, so erhält das Unternehmen nur dann die Genehmigung, sofern die Emissionsgrenze der eingeführten Blase nicht überschritten wird. Wird durch das Aktivieren der neuen Produktionsmittel die maximal zulässige Emissionsgrenze überschritten, dann stehen zwei Möglichkeiten zur Wahl:

- Im eigenen Unternehmen Emissionen vermeiden oder
- andere Unternehmen unter der Blase Kompensationen für Vermeidungen in deren Unternehmen zahlen (offsets).

Der Staat erteilt die Zusage für die Maschine nur dann, wenn je Emissionseinheit mehr als eine Emissionseinheit dadurch vermieden werden kann. Der Vorteil der Glockenpolitik besteht darin, dass nicht eine einzelne Anlage oder ein einzelnes Unternehmen betrachtet wird, sondern gleich mehrere Anlagen beziehungsweise Unternehmen ins Auge gefasst werden *[Vgl. Frey, 1993: 98f].*

2.5. Umsetzung des Kyoto Protokolls in Österreich

2.5.1. Allgemeine Informationen

Nachdem die generellen Normen und Vorgaben des Kyoto Protokolls erklärt wurden, wird zum Abschluss der Erklärung des Kyoto Protokolls die Umsetzung dieser Richtlinie in Österreich erläutert.

Österreich liegt mit seinen Emissionen zurzeit über dem vorgegeben Wert des Kyoto-Zieles in der Höhe von 68,8 Millionen Tonnen. Um die Entwicklung in Österreich sich besser vorstellen zu können, wurde eine grafische Darstellung der Emissionsentwicklung von 1990 bis 2007 vorgenommen.

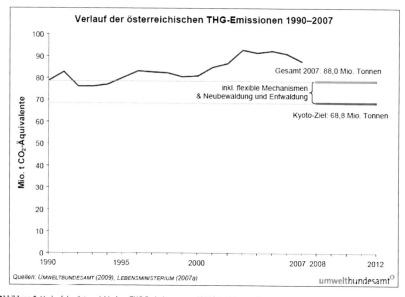

Abbildung 6: Verlauf der österreichischen THG Emissionen von 1990 bis 2007, **Quelle:** Anderl et al, 2009: 31

Erläuterung Abbildung 6: Diese Abbildung stellt die Entwicklung der Treibhausgasemissionen in Österreich in der Zeit von 1990 bis 2007 dar. Diese Abbildung zeigt sehr gut, dass die Emissionen derzeit das vorgegebene Ziel durch das Kyoto-Protokoll deutlich überschreiten.

Auf Grund des Kyoto Protokolls hat sich Österreich zu einer Emissionsreduktion in der Höhe von 13% verpflichtet. Die Vermeidung in der Höhe von 13%, ausgehend vom Emissionsniveau von 1990, ergab sich auf Grund der internen Lastenverteilung innerhalb der Europäischen Union *[Vgl. Anderl et al, 2009: 33]*. Österreich befindet sich an vierter Stelle innerhalb der EU-15 Mitgliedsstaaten *[Vgl. Anderl et al, 2009: 45]*.

Im Jahr 2007 lagen die in Österreich getätigten Emissionen bei 88,0 Millionen Tonnen CO_2 Äquivalente Treibhausgase. Österreich lag im Jahr 2007 um etwa 19,2 Millionen Tonnen emittierte Treibhausgase über dem Kyotoziel von 68,8 Millionen Tonnen *[Vgl. Anderl et al, 2009: 31]*. Ein Jahr später, in der ersten Phase der Kyotoperiode, verzeichnete Österreich einen Anstieg der Emissionen um knapp 11% im Vergleich zum Basisjahr 1990. In Millionen Tonnen ausgedrückt lagen die getätigten Emissionen um etwa 18,0 Millionen Tonnen Kohlendioxid Äquivalente über den geplanten Werten *[Vgl. Online 21]*.

2.5.2. Verwendete Mechanismen

Wie in anderen am Emissionshandel beteiligten Staaten ist der am häufigsten verwendete Mechanismus in Österreich auch der Zertifikatehandel. Die Funktionsweise des Zertifikatehandels wurde schon umfangreich unter Punkt 2.4.3 erklärt. Deshalb unterbleibt an dieser Stelle die Erklärung für den Emissionshandel in Österreich, da es dabei keine Abweichung von den generellen Handelsnormen, die im Kyotoprotokoll erwähnt sind, gibt *[Vgl. Anderl et al, 2009: 50f]*.

Weiters beteiligt sich Österreich durch verschiedene Programme an den anderen beiden flexiblen Mechanismen, dem Joint Implementation und dem Clean Development Mechanism. Durch das Engagement in diesen beiden Bereichen erhofft sich der Staat kosteneffizienter die Zielerreichung zu schaffen. Gegenstand der beiden Mechanismen sind:

- zum einem der Ankauf von Emissionsreduktionseinheiten,

- zum anderem die Finanzierung von immateriellen Leistungen, die als Grundlage für das Zustandekommen von Joint Implementation oder Clean Development Prozessen dient *[Vgl. Anderl et al, 2009: 50]*.

2.5.3. Klimastrategie 2008

Um die vorgegebenen Ziele der Emissionsreduktion zu erreichen, wurde 2008 auf Bundesebene eine Vereinbarung über die Klimastrategie beschlossen, die unter anderem das Ziel haben sollte, klimaschonender zu handeln und die Erreichung des Kyotoziels zu unterstützen.

Diese Klimastrategie 2008 setzt vor allem in der Förderung von emissionsarmen Technologien den Schwerpunkt. So wird die Inbetriebnahme von Holzkessel, wie zum Beispiel Hackgut- oder Pelletskessel, oder einer Photovoltaikanlage durch staatliche Zuschüsse gefördert. Weitere Maßnahmen, die taxativ im Papier zur Klimastrategie aufgezählt sind, sind die KMU Initiative zur Steigerung der Energieeffizienz, betriebliche Umweltförderung (Anschluss an Fernwärme, etc.), Erhöhung der Mittel für die Wohnbauförderung (im speziellen die thermische Sanierung) oder der gezielte Austausch von Heizungsanlagen mit fossilen Brennstoffen durch Heizungsanlagen, die auf dem Konzept von erneuerbaren Energien aufbauen *[Vgl. Anderl et al, 2009: 74 ff]*.

3. Unternehmensbewertung Theorieteil

Nachdem in Kapitel zwei die rechtlichen Grundlagen für den Zertifikatehandel erklärt wurden, wird jetzt näher auf die Grundlagen der Unternehmensbewertung eingegangen.

In diesem Kapitel wird erklärt, welche Empfehlungen für eine ordnungsmäßige Bewertung zu beachten sind und welchen Zweck die Unternehmensbewertung erfüllen soll. Anschließend werden überblicksmässig die möglichen Methoden zur Berechnung des Unternehmenswertes erläutert, insbesondere das Ertragswertverfahren und das Discounted-Cashflow Verfahren, die laut aktuellem Fachgutachten zur Unternehmensbewertung, KFS BW 1, empfohlen werden. Da der Prozess einer Unternehmensbewertung mit einer Vielzahl von Risiken im Kontext steht, werden die verschiedenen Möglichkeiten zur Risikoberücksichtigung überblicksmässig dargestellt, insbesondere die verschiedenen Verfahren, die zur Ermittlung eines risikoadäquaten Zinssatzes zur Auswahl stehen.

3.1. Vorgaben und Empfehlungen

3.1.1. KFS BW 1 - Fachgutachten zur Unternehmensbewertung

Um einheitliche Rahmenbedingungen für die Bewertung von Unternehmen sicherzustellen, beschloss die Kammer der Wirtschaftstreuhänder am 27. Februar 2006 das Fachgutachten KFS BW 1. Mit 1. Mai 2006 wurde das Gutachten KFS BW 1 vom 20. Dezember 1989 durch die aktuelle Fassung außer Kraft gesetzt *[Vgl. Online 22]*.

Durch die Schaffung von einheitlichen Vorgaben wird eine bessere Vergleichbarkeit von Bewertungen ermöglicht. Ebenso wird die Möglichkeit der Beeinflussung seitens der Wirtschaftsprüfungskanzleien zugunsten des Käufers oder Verkäufers durch die einheitlichen Vorgaben verhindert. Das Fachgutachten gliedert sich in zehn große Blöcke, die unter anderem Vorgaben über die Grundsätze in der Ermittlung von Unternehmenswerten, verbindliche Richtlinien über die Ermittlung der zukünftigen monetären Einzahlungsüberschüsse oder Hinweise über die Berücksichtigung des Risikos geben.

Ein weiterer Punkt behandelt die anwendbaren Bewertungsverfahren. Hierbei stellt das KFS BW 1 auf das Ertragswertverfahren, dieses Bewertungsverfahren ermöglicht vor allem eine subjektive Ermittlung von Unternehmenswerten, und auf das Discounted Cash-Flow Verfahren ab. Letzteres wird vor allem bei der Ermittlung von objektivierten Unternehmenswerten eingesetzt *[Vgl. Online 22]*.

Neben diesen beiden angeführten Bewertungsverfahren gibt es noch zahlreiche andere Verfahren. Das Substanzwertverfahren oder Praktikermethoden, bei denen einfache Größen wie das Ergebnis gewöhnlicher Geschäftstätigkeit oder der Umsatz als Ausgangsbasis für den Unternehmenswert gewählt werden, sind laut KFS BW 1 nicht mehr zulässig und werden daher von der Kammer der Wirtschaftstreuhänder für eine ordnungsgemäße Bewertung von Unternehmen nicht weiter empfohlen.

Bei der Ausarbeitung der Modelle zur Darstellung des Einflusses des CO_2 Zertifikatehandels wird dabei auf die im KFS BW 1 empfohlenen Verfahren zurückgegriffen. Ebenso werden im KFS BW 1 taxativ noch mögliche Anlässe für Unternehmensbewertungen aufgezählt. Mit diesem Punkt wird gleich fortgesetzt, nachdem noch weitere Empfehlungen zur Unternehmensbewertung erwähnt werden.

3.1.2. Weitere Empfehlungen

Neben dem KFS BW 1 wurden weitere Empfehlungen für eine sorgfaltige Unternehmensbewertung erlassen. Solche Empfehlungen, die von der Arbeitsgruppe „Unternehmensbewertung" des Fachsenats für Betriebswirtschaft und Organisation herausgegeben wurden, beschäftigen sich unter anderem mit der Bestimmung des Basiszinsfußes oder der Marktrisikoprämie. Beide Empfehlungen
wurden im Anschluss nach der Veröffentlichung des Fachgutachtens KFS BW 1 im dritten Quartal 2006 noch publik gemacht *[Vgl. Bachl 2007: 7]*.

Weitere Empfehlungen, die bei einer Unternehmensbewertung nicht außer Acht gelassen werden sollten, sind solche, die direkt von einer Kammer eines anderen freien Berufes festgelegt wurden. Solche verbindlichen Empfehlungen wurden vor allem für die Bewertung von Arzt- und Anwaltspraxen erstellt *[Vgl. Bachl, 2007: 7]*.

In Zeiten der Globalisierung gibt es auf europäischer Ebene eine Empfehlung für eine korrekte Ermittlung des Unternehmenswertes. So wurde im Juli 2001 eine Empfehlung der „Fédération des Experts Comptables Européens" bezüglich Unternehmensbewertung abgegeben *[Vgl. Bachl, 2007: 7]*.

3.2. Anlässe für Unternehmensbewertungen

Die Anlässe für Unternehmensbewertungen sind vielfältig und sehr verschieden. In der Literatur wurde versucht, eine Grobgliederung der Anlässe für solche Unternehmensbewertungen zu erstellen.

Eine Möglichkeit der Unterscheidung kann nach der Normierung vorgenommen werden. So unterscheidet Mag. Dr. Robert Bachl in seinem Skript normierte von nicht normierten Anlässe *[Vgl. Bachl, 2007: 4]*.

Unter normierte Anlässe versteht man alljene Anlässe, bei denen gesetzlich oder vertraglich normierte Interessen anderer Beteiligter berücksichtigt werden müssen *[Vgl. Bachl, 2007: 4]*. Unter normierte Anlassfälle fallen Bewertungen zu Besteuerungszwecken oder zu Zwecken, die der Bilanzierung von Beteiligungen dienen. Ebenso fällt unter diese Kategorie das Ausscheiden von Gesellschafter oder eine erbrechtliche Aufteilung *[Vgl. Bachl 2007: 4]*.

Unter nicht normierte Anlässe fallen alle freiwilligen Unternehmensbewertungen, denen kein konkreter rechtlicher Zwang einer Bewertung seitens von externen Beteiligten entgegensteht. Solche nicht normierte Anlässe sind der freiwillige Verkauf oder Kauf von Unternehmensbeteiligungen oder von Unternehmen. Wird ein Unternehmensanteil in Begleitung von einer Umgründung bewertet, liegt auch ein nicht normierter Anlass vor *[Vgl. Bachl 2007: 4]*.

Eine weitere mögliche Einteilung von Anlässen für Unternehmensbewertungen kann folgender Maßen aussehen:

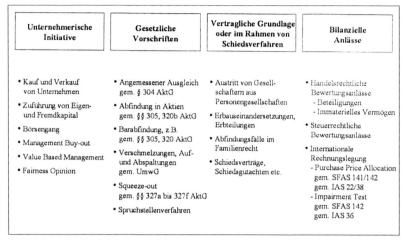

<table>
<thead>
<tr><th>Unternehmerische Initiative</th><th>Gesetzliche Vorschriften</th><th>Vertragliche Grundlage oder im Rahmen von Schiedsverfahren</th><th>Bilanzielle Anlässe</th></tr>
</thead>
<tbody>
<tr>
<td>• Kauf und Verkauf von Unternehmen
• Zuführung von Eigen- und Fremdkapital
• Börsengang
• Management Buy-out
• Value Based Management
• Fairness Opinion</td>
<td>• Angemessener Ausgleich gem. § 304 AktG
• Abfindung in Aktien gem. §§ 305, 320b AktG
• Barabfindung, z.B. gem. §§ 305, 320 AktG
• Verschmelzungen, Auf- und Abspaltungen gem. UmwG
• Squeeze-out gem. §§ 327a bis 327f AktG
• Spruchstellenverfahren</td>
<td>• Austritt von Gesell-schaftern aus Personengesellschaften
• Erbauseinandersetzungen, Erbteilungen
• Abfindungsfälle im Familienrecht
• Schiedsverträge, Schiedsgutachten etc.</td>
<td>• Handelsrechtliche Bewertungsanlässe
- Beteiligungen
- Immaterielles Vermögen
• Steuerrechtliche Bewertungsanlässe
• Internationale Rechnungslegung
- Purchase Price Allocation gem. SFAS 141/142 gem. IAS 22/38
- Impairment Test gem. SFAS 142 gem. IAS 36</td>
</tr>
</tbody>
</table>

Abbildung 7: Einteilung von Anlässen zur Unternehmensbewertung, **Quelle:** ERNST et al, 2003: 1

Erläuterung Abbildung 7: Abbildung 7 stellt nochmals die Anlässe von Unterneh-mensbewertungen nach dem Autor ERNST et al. dar.

Vergleicht man diese Einteilung mit der Unterscheidung zwischen normativer und nicht normativer Anlässen, so lässt sich erkennen, dass sich auf Grund dieser Abbil-dung auch wieder eine Einteilung nach normativen und nicht normativen Anlässen vornehmen lässt. Als nicht normative Anlässe kann man die beiden Kategorien „Unternehmerische Initiative" und „Bilanzielle Anlässe" sehen. Im Gegensatz dazu stellen die „Gesetzlichen Vorschriften" und „Vertragliche Grundlagen oder im Rahmen von Schiedsverfahren" normative Anlässe dar.

Eine weitere Unterscheidungsmöglichkeit stellt das Kriterium der Eigentumsver-hältnisse dar. So wird zwischen Anlässen unterschieden, bei denen sich die Eigen-tumsverhältnisse ändern und bei denen keine Änderung der Eigentümerstruktur bevorsteht. Die nachfolgende Tabelle sollte nochmals die Unterteilung mit den angeführten Anlässen verdeutlichen:

Anlässe mit Änderung der Eigentums-verhältnisse	Anlässe ohne Änderung der Eigen-tumsverhältnisse
• Kauf oder Verkauf • Börseneinführung • Kapitalerhöhung • Unternehmen als Sachanlage • Umstrukturierungen aus ver-schiedensten Gründen • Privatisierung • Gesellschafterwechsel • Abfindungen • Ausgliederungen • Familiäre Anlässe	• Erhöhung Fremdkapitalanteil • Kreditsicherstellung durch Antei-le • Ermittlung der Besteuerungs-grundlage • Insolvenz • Kreditvergabe • Bewertungen im Rahmen der Er-stellung von Bilanzen

Tabelle 1: Einteilung von Anlässen zur Unternehmensbewertung, Kriterium: Eigentümerstruktur

> *Erläuterung Tabelle 1: In Tabelle 1 wurden die Anlässe von Unternehmensbewer-tungen nach dem Kriterium des Eigentümerwechsel gegliedert.*

3.3. Zweck von Unternehmensbewertungen

3.3.1. Allgemeine Informationen

Eng mit den Anlässen ist der Zweck der Unternehmensbewertung verbunden. Der Bewertungszweck ergibt sich aus dem Anlass beziehungsweise aus dem direkten Auftrag an einen Wirtschaftstreuhänder *[Vgl. Bachl, 2007: 10]*. In Anlehnung an das Fachgutachten zur Unternehmensbewertung KFS BW 1 kann die Zweckmäßigkeit der Durchführung von Unternehmensbewertungen folgendermaßen eingeteilt werden:

- Ermittlung von subjektiven Unternehmenswerten,

- Ermittlung von objektivierten Unternehmenswerten und

- die Ermittlung von Schiedswerten *[Vgl. Online 22]*.

3.3.2. Ermittlung von subjektiven Unternehmenswerten

Bei der Ermittlung von subjektiven Unternehmenswerten werden vor allem die Interessen eines bestimmten Investors berücksichtigt. Der subjektive Unternehmenswert stellt einen Entscheidungswert dar *[Vgl. Bachl, 2007: 11]*. Das heißt, der errechnete subjektive Unternehmenswert versteht sich als Grenzwert für den Verkäufer beziehungsweise Käufer. Der Grenzwert, oder auch noch Grenzpreis genannt, stellt jenen Wert dar, den der Verkäufer mindestens erzielen muss, um nach der Veräußerung des Unternehmens oder Unternehmensanteil nicht schlechter gestellt zu sein. Für den Kaufinteressenten wird der Grenzpreis als Preisobergrenze verstanden, den er maximal bereit ist, für den Unternehmenserwerb zu bezahlen.

Der subjektive Unternehmenswert kann als Ertragswert angesehen werden. Dieser ermittelte Ertragswert ist als Barwert der zukünftig erwarteten Einzahlungsüberschüsse zu verstehen *[Vgl. Haeseler, 2007: 29]*.

Um die Einzahlungsüberschüsse in Barwerte umrechnen zu können, ist ein Kapitalisierungszinssatz notwendig. Der risikolose Kapitalisierungszinssatz bei der Ermittlung von subjektiven Unternehmenswerten wird durch die Verzinsung der Alternativanlage normiert und dementsprechend als risikoloser Kapitalisierungszinssatz verwendet *[Vgl. Haeseler, 2007:29]*.

Unter dem Begriff Alternativanlage wird jene Möglichkeit verstanden, die dem Käufer sich zusätzlich zur Investition in das Unternehmen anbietet. Daraus wird abgeleitet, dass sich der Käufer zwischen der Alternativanlage, zum Beispiel Investition in Wertpapiere, und dem Unternehmenskauf entscheiden muss. Dieser Kapitalisierungszinssatz ist Ausgangspunkt für die Ermittlung des risikoaversen Zinssatzes. Die Risikozuschläge bei der Ermittlung von subjektiven Unternehmenswerten werden vom Bewertungssubjekt festgelegt. Da die Risikozuschläge nicht über ein Marktmodell unter Berücksichtigung des Beta-Faktors ermittelt werden, wird von der Berechnung eines subjektiven Marktwertes gesprochen. Ein weiterer Unterschied zwischen der Ermittlung von subjektiven und objektivierten Unternehmenswerten liegt in der Berücksichtigung der entstehenden Synergie-Effekten. Bei subjektiven Unternehmensbewertungen werden Synergie-Effekte auf Grund des Unternehmenskaufs berücksichtigt, bei objektivierten Bewertungsverfahren werden solche Synergie-Effekte außer Acht gelassen. Bei den auftretenden Synergien kann nach dem Entstehungsort unterschieden werden. Born unterscheidet Synergien, welche beim Käufer entstehen und Synergie-Effekte, die beim Unternehmen des Verkäufers auftreten *[Vgl. Born, 1995: 40]*.

Das Ertragswertverfahren ist besonders zur Ermittlung von subjektiven Werten geeignet. Nähere Erläuterungen zu diesem Verfahren werden unter Punkt 3.5.2. bereitgestellt.

3.3.3. Ermittlung von objektivierten Unternehmenswerten

Die Unternehmensbewertung erfüllt vor allem drei Zwecke. Neben subjektiven Unternehmenswerten werden unter anderem noch objektivierte Unternehmenswerte berechnet.

Im Vergleich zur subjektiven Unternehmensbewertung bleiben bei objektivierten Bewertungsverfahren Tatsachen, die außerhalb des Unternehmens liegen, also beim Bewertungssubjekt, unberücksichtigt *[Vgl. Mandl, 1997: 6]*. Durch das außer Achtlassen wird versucht, einen Unternehmenswert zu berechnen, der ohne Einflüsse des Käufers ermittelt wird. Durch diese Vorgehensweise wird das Miteinbeziehen von zukünftigen Entwicklungen, Erwartungen, Chancen und Risiken seitens des Bewertungssubjektes nicht berücksichtigt *[Vgl. Haeseler, 2001: 28]*. Die Grundlage für eine objektivierte Unternehmensbewertung bildet das Unternehmenskonzept beziehungsweise alle Umstände, die am Bewertungsstichtag dem Bewertungssubjekt bekannt waren *[Vgl. Bachl, 2007: 11]*. Ein weiterer Unterschied zu subjektive Bewertungsverfahren liegt darin, dass bei einer objektivierten Bewertung etwaige entstehende Synergieeffekte nicht miteinbezogen werden und somit Effizienzsteigerungen nicht berücksichtigt werden *[Vgl. Bachl, 2007: 11]*.

Unter dem Aspekt, dass bei objektivierten Bewertungen Synergie-Effekte nicht berücksichtigt werden, werden als Folge dieser Vorgehensweise dadurch niedrige Unternehmenswerte reproduziert. Dies kann vor allem durch folgende Überlegung abgeleitet werden. Durch erzielbare Synergie-Effekte werden Kosten eingespart und in weiterer Folge geringere Auszahlungen getätigt. Diese geringeren Auszahlungen führen zu einem höheren Einzahlungsüberschuss. Dadurch wird ein höherer Barwert nach Abzinsung des Einzahlungsüberschuss im Vergleich zur Bewertung ohne die aufgetretenen Synergie-Effekte errechnet.

3.3.4. Ermittlung von Schiedswerten

Neben den zuvor behandelten subjektiven und objektivierten Unternehmenswerten, können durch eine Unternehmensbewertung noch Schiedswerte ermittelt werden. Die Ermittlung von Schiedswerten stellt in der Unternehmensbewertung eine von den heikelsten Aufgaben dar. Der Hintergrund von Schiedswerten liegt darin, dass sich zwei Parteien, im Normalfall Käufer und Verkäufer eines Bewertungsobjektes, sich nicht auf einen Transaktionswert einigen können. In solchen Fällen fungiert die Unternehmensbewertung als Vermittlungsfunktion zwischen den beiden Parteien, die keine Einigung über die monetären Formalitäten der Transaktion erzielen können. Der ermittelte Unternehmenswert wird dabei als Schiedswert bezeichnet *[Vgl. Mandl, 1997: 20]*. Aus den obigen Erklärungen wird abgeleitet, dass das Ziel der Ermittlung von Schiedswerten vor allem darin liegt, einen gewissen Interessensausgleich zwischen den verhandelnden Parteien sicherzustellen. Vorraussetzung dafür ist, dass besonders auf die Qualität der Informationen bei solchen Bewertungsvorgängen geachtet wird *[Vgl. Mandl, 1997: 20f]*. Für den Gutachter stellt die Erstellung eines solches Gutachtens eine besondere Herausforderung dar, da es implizit um die Besserstellung eines jeden beteiligten Bewertungssubjektes geht. Daher sollte jede Information sehr gut abgewogen werden, ob diese zu berücksichtigen ist oder nicht *[Vgl. Mandl, 1997: 21]*.

3.4. Berücksichtigung von Risiken

3.4.1. Allgemeine Informationen

Der Erwerb eines Unternehmens kann sehr gut mit der Entscheidung zwischen der Anlage in ein sicheres Sparbuch oder in weniger sichere Aktien verglichen werden. Wird ein bestimmter Betrag in einem Sparbuch veranlagt, so besteht de facto ein Risiko von Null, den veranlagten Betrag zu verlieren. Im Gegensatz dazu können bei Investitionen in Wertpapieren sehr hohe Wertschwankungen auf Grund des sehr volatilen Veranlagungsobjekts entstehen. Als Folge der hohen Volatilität sind die zukünftigen Erträge und bei einem spontanen Verkauf der aktuelle Wert beziehungsweise der aus dem Verkauf resultierende Zahlungsstrom nicht genau kalkulierbar. Dieses Risiko der größeren Wertschwankungen wird durch eine höhere Rendite, einer besseren Verzinsung in Form eines höheren Zinssatzes, abgegolten.

Dieses Beispiel mit Aktien und Sparbuch sollte das Problem des Risikos einer Unternehmensbewertung verdeutlichen. Jede Investition in ein Unternehmen ist mit einem gewissen Risiko verbunden. Das Risiko besteht in den ungewissen zukünftigen finanziellen Zuflüssen. Das Risiko wird in der Unternehmensbewertung im Diskontierungszinssatz zur Berechnung der Barwerte berücksichtigt. Je höher das Risiko der Investition in das zu bewertende Unternehmen ist, desto höher sind die Risikozuschläge zum Basisdiskontierungszinssatz. Das Resultat eines höheren Diskontierungszinssatzes ist ein niedriger Barwert. Als Folge eines niedrigeren Barwertes erhält der Verkäufer eine niedrigere Ausgangsbasis für die Verkaufsverhandlungen. Spiegelbildlich erhält der Käufer eine niedrige Verhandlungsbasis, die zu seinem Vorteil ist. Bei einer möglichen Transaktion muss der Käufer weniger für ein risikoreicheres Unternehmen bezahlen.

Zusammengefasst wird unter Risiko im Kontext der Bewertung von Unternehmen vor allem die Ungewissheit über die zukünftigen Zahlungen verstanden. Es wird dabei zwischen der Höhe und dem Zeitpunkt des Eintretens der Zahlung unterschieden *[Vgl. Mandl, 1997: 212]*.

Es wird zwischen Verfahren zur Unternehmensbewertung unter Sicherheit und unter Risiko unterschieden. Bei einer Bewertung unter Risiko stehen zwei Möglichkeiten zur Riskioberücksichtigung zur Verfügung, die subjektive und objektivierte Berücksichtigung.

3.4.2. Subjektive Berücksichtigung von Risiken

Die subjektive Berücksichtigung von Risiken kann durch zwei unterschiedliche Methoden erfolgen, zum einem durch die Risikozuschlagsmethode, zum anderen durch die Sicherheitsäquivalentmethode. Da bei den ausgearbeiteten Modellen bei der subjektiven Bewertung auf die Methodik der Risikozuschlagsmethode abgestellt wird, wird ausschließlich diese Methode näher erläutert. In der Praxis wird von den beiden Methoden vor allem die Zuschlagsmethode angewandt, der Sicherheitsäquivalenzmethode wird wenig Bedeutung zugemessen *[Vgl. Bachl, 2007: 27]*.

Das Grundprinzip der Zuschlagsmethode besteht darin, dass zu einem vorher festgelegten Basiszinssatz die verschiedenen Arten von Risiken durch einen Risikoaufschlag zum Basiszinssatz berücksichtigt werden. Die wichtigsten Risiken, die Berücksichtigung finden sollten, sind das allgemeine und spezielle Unternehmerrisiko, das Risiko betreffend der Kapitalstruktur oder der Mobilität der Anteile *[Vgl. Mandl, 1997: 219]*.

Unter das allgemeine Unternehmerrisiko fallen vor allem Tatsachen, die mit dem Unternehmerwagnis in Verbindung stehen. Der Risikoaufschlag soll die Unsicherheit der zukünftigen Zahlungsströme in Bezug auf Konjunkturschwankungen, Geschäftseinbruch in der Branche oder das generelle Risiko einer Investition in ein Unternehmen mit unsicheren Zahlungsströmen abdecken. Im Vergleich dazu soll durch den Aufschlag für das spezielle Unternehmerrisiko jener Bereich des Risikos abgedeckt werden, der sich nur auf das zu bewertende Unternehmen – ohne externe Einflüsse wie beim generellen Unternehmensrisiko – bezieht. Spezielle Risiken sind Unsicherheitsfaktoren, die sich auf die Konkurrenz beziehen, Finanzierungseinflüsse oder besondere Verträge, die das Bewertungsobjekt mit sich bringt *[Vgl. Mandl, 1997: 214f]*.

Das Risiko der Kapitalstruktur sollte ebenfalls im Kapitalisierungszinssatz Beachtung finden. Im Kapitalstrukturrisiko wird die Finanzierung eines Unternehmens abgebildet. Unternehmen mit hohem Eigenkapitalanteil haben einen geringen Risikoaufschlag, spiegelbildlich erfordern Unternehmen mit hohem Fremdkapitalanteil einen größeren Risikoaufschlag *[Vgl. Mandl, 1997, 216]*.

Einen weiteren Risikofaktor stellt die Mobilität dar. Unter Mobilität versteht man die Übertragbarkeit der Anteile. Bei langfristigen Veranlagungen spielt dieser Aspekt weniger eine Rolle, viel mehr wenn es darum geht, die Anteile sofort zu verkaufen. Ein sofortiger Verkauf solcher Anteile ist im Regelfall ohne Verluste für den Verkäufer nicht so schnell möglich. Genau dieses Risiko des finanziellen Nachteiles sollte mit einem Aufschlag berücksichtigt werden. *[Vgl. Mandl, 1997: 216f]*. Um das Mobilitätsrisiko besser verstehen zu können, folgt noch ein anderes Beispiel. Besitzt ein Investor Geld in Form eines Sparbuches, so ist es dem Investor jederzeit möglich auf diese liquiden Mittel zuzugreifen. Bei Unternehmensanteilen ist dies nicht möglich, da vorher erst ein Käufer für die Anteile gefunden werden muss.

Die subjektiven Zuschläge werden vom Investor selbst festgelegt und ohne Rücksicht auf kapitalmarktorientierte Modelle – wie dies bei der objektivierten Risikoberücksichtigung erfolgt – übernommen *[Vgl. Bachl, 2007, 28]*. Der Kapitalisierungszinssatz wird in der Regel von einer Alternativanlage, zum Beispiel von einer sicheren Kapitalmarktanlage oder Staatsanleihen von Staaten mit bester Bonität, hergeleitet *[Vgl. Haeseler, 2001: 129]*. Die Voraussetzung dafür ist die Vergleichbarkeit der Alternativanlage mit der Investition ins Bewertungsobjekt. Um diese Vergleichbarkeit zu ermöglichen, sollte das Äquivalenzprinzip in der Unternehmensbewertung Beachtung finden. Die Äquivalenz bezieht sich auf die Punkte Währung, Laufzeit, Arbeitseinsatz, Kaufkraft, Verfügbarkeit und Risiko *[Vgl. Bachl, 2007: 31]*.

Für die Berechnung des Kapitalisierungszinssatzes kann nachstehendes Schema verwendet werden:

Berechnung Zinssatz	Anmerkung
Basiszinssatz	Abgeleitet von Alternativanlage
- Berücksichtigung Besteuerung	25% Körperschaftssteuer bei Kapitalgesellschaften, Die Besteuerungsebene direkt beim Gesellschafter wird außer Acht gelassen
= entsteuerter Zinssatz	**Zinssatz nach Berücksichtigung der Besteuerung auf Unternehmensebene** **(Anmerkung: bei Besteuerung nach Trennungsprinzip)**
- Inflationsabschlag	Zusätzlicher Faktor der berücksichtigt werden kann, aber nicht muss. Nur bei Realplanung erforderlich
+ Risikozuschlag	In der Praxis sind bis zu 100% des Basiszinssatzes möglich und üblich. Dieser Zuschlag deckt das allgemeine und spezielle Unternehmensrisiko ab.
+ Immobilitätszuschlag	In der Praxis sind bis zu 20% des Basiszinssatz möglich und üblich
= Kapitalisierungszinssatz	

Tabelle 2: Berechnungsschema für subjektiven Kapitalisierungszinssatz

Erläuterung Tabelle 2: In Tabelle 2 wird das Berechnungsschema des Kapitalisierungszinssatzes, das zuvor theoretisch erklärt wurde, nochmals tabellarisch dargestellt. Ausgehend vom Basiszinssatz wird, sofern eine Kapitalgesellschaft bewertet wird, die Entsteuerung des Basiszinssatzes mit 25% Körperschaftssteuer vorgenommen. Nach der Entsteuerung erhält man den entsteuerten Zinssatz, zu dem die verschiedenen Risikoarten hinzuaddiert werden. Der Inflationsabschlag ist nur bei der Durchführung einer realen Planung notwendig, wird eine nominale Planung vorgenommen, kann dieser Schritt außer Acht gelassen werden. Der Risikozuschlag deckt dabei das allgemeine und spezielle Unternehmensrisiko ab, der Immobilitätszuschlag die schwierigere Veräußerung von den Anteilen. Die Entsteuerung des Zinssatzes wurde für Gesellschaften berücksichtigt, die mit 25% Körperschaftssteuer besteuert werden. Für Bewertungen von Personengesellschaften kann der Diskontierungs-zinssatz nicht so pauschal entsteuert werden

3.4.3. Objektivierte Berücksichtigung von Risiken

Bei der objektivierten Berücksichtigung von Risiken werden die Risikozuschläge, nicht wie bei der subjektiven Bewertung individuell durch das Bewertungssubjekt festgelegt, sondern über ein Marktmodell abgeleitet. Daher spricht man von einer kapitalmarktorientierten Methode. Durch die Kapitalmarktorientierung werden subjektive Einflüsse des Bewertungssubjekts nicht in den Risikoaufschlag mit einge-rechnet *[Vgl. Haeseler, 2007: 130]*.

Ein Verfahren, das sich in der Berechnung von objektivierten Risikozuschlägen sehr gut etabliert hat, ist das CAPM (Capital Asset Pricing Model). Der Diskontierungs-zinssatz setzt sich in diesem Model aus dem Basiszinssatz und dem Risikozuschlag zusammen.

Der Basiszinssatz im Capital Asset Pricing Model kann durch zwei Möglichkeiten festgelegt werden, über Spot Rates von Staatsanleihen mit einer Laufzeit von etwa 30 Jahren oder von den Effektivrenditen langfristiger Staatsanleihen. Unter langfris-tigen Staatsanleihen versteht man Anleihen, die eine Laufzeit von etwa 10 bis 30 Jahren aufweisen. Diese Zinssätze werden anhand einer Zinsstrukturkurve abgelei-tet. *[Vgl. Bach, 2007: 34f]*.

Die Risikozuschläge werden bei diesem Modell nicht wie bei der subjektiven Mit-einbeziehung durch das Bewertungssubjekt festgelegt. In diesem kapitalmarktori-entierten Modell setzt sich der Risikoaufschlag aus zwei Komponenten zusammen: der Marktrisikoprämie und dem Beta-Faktor *[Vgl. Haeseler, 2007: 130]*. Aus diesen beiden Bestandteilen ergibt sich durch multiplizieren der Marktrisikoprämie mit dem Beta-Faktor der objektivierte Diskontierungszinssatz.

Die Marktrisikoprämie nach dem Capital Asset Pricing Model berücksichtigt vor allem das Geschäfts- und Kapitalstrukturrisiko *[Vgl. Haeseler, 2007: 130]*. Die Marktrisikoprämie ist ein Faktor für den Risikoaufschlag zum Basiszinssatz. Eruiert wird diese Risikoprämie durch Kapitalmarktbeobachtungen. Dabei wird für jedes Land eine spezifische Risikoprämie festgelegt. Diesbezüglich hat der Fachsenat für Betriebswirtschaft und Organisation der Kammer der Wirtschaftstreuhänder eine Empfehlung abgegeben. Derzeit empfiehlt diese Arbeitsgruppe für Unternehmensbewertungen in Österreich eine Marktrisikoprämie von 4,5% bis 5,0%. *[Vgl. Bachl, 2007: 35f]*.

Die zweite Komponente, aus der sich der objektivierte Risikoaufschlag zusammensetzt, ist der Beta-Faktor. Im Beta-Faktor wird das systematische Risiko eines Unternehmens abgebildet. Das systematische Risiko deckt das Risiko der Kapitalstruktur und das Geschäftsrisiko ab. Bei der Kapitalstruktur wird der Einfluss der Fremdfinanzierung im sogenannten Financial Beta ausgedrückt. Jede Veränderung im Verschuldungsgrad des Unternehmens wirkt sich auf den Financial Beta aus. Der Verschuldungsgrad wird durch in Relationsetzen von Fremd- und Eigenkapital ermittelt. Dabei wird auf die Marktwerte der beiden Positionen abgestellt *[Vgl. Mandl, 1997: 301]*.

Das Geschäftsrisiko wird im Operating Beta ausgedrückt. Im Operating Beta werden Risikofaktoren wie die Branche, der Industriezweig des Unternehmens oder die Fähigkeiten des Managements, das Unternehmen zu leiten, berücksichtigt *[Vgl. Mandl, 1997: 301]*. Da die meisten Schätzungen des Beta-Faktors aus vergangenen Werten abgeleitet werden, ist die Prognose des zukünftigen Beta-Faktors sehr schwierig. So können zukünftige Ereignisse wie Umstrukturierungen, Markterweiterung oder –einschränkung nur schwierig berücksichtigt werden. Da die Bestimmung des Beta-Faktors ein sehr komplexer Prozess ist, werden für alle an der Wiener Börse notierten Aktiengesellschaften „Jahres-Beta" publiziert. Diese Jahres-Beta werden im ÖTOB Ticker publiziert. Da bei den Modellen die Gewinn- und Verlustrechnung an börsenotierte Unternehmen wie VOEST oder Siemens angelehnt wird, werden die jeweiligen Betafaktoren vom ÖTOB Ticker oder von Unternehmensbewertungen von ähnlichen Unternehmen abgeleitet. Zum Abschluss der Erläuterungen der objektivierten Risikoberücksichtigung wird noch der Informationsgehalt des Beta-Faktors erklärt. Ein Beta-Faktor gibt Auskunft über die Höhe des Risikos für einen Anleger. Dem zu Folge ist eine Investition, die mit einem hohen Beta-Faktor bewertet wird, riskanter, als eine Anlage mit geringerem Beta-Faktor. Bei einem Beta-Faktor zwischen 0 und 1 besitzt die Investition ein niedrigeres Risiko als der Markt, bei einem Beta-Faktor größer 1, ist das Marktrisiko geringer als jenes des Unternehmenserwerbes einzuschätzen.

3.5. Bewertungsverfahren

3.5.1. Allgemeine Informationen

Zur Bewertung von Unternehmen stehen verschiedene Verfahren zur Verfügung. Die nachstehende Abbildung gibt einen groben Überblick über die möglichen Verfahren. Da bei den nachfolgenden Modellen vor allem auf die im KFS BW 1 empfohlenen Verfahren zurückgegriffen wird, werden ausschließlich das Ertragswertverfahren und das Discounted-Cashflow Verfahren genauer erläutert. Die nicht empfohlenen Verfahren, wie das Substanzwertverfahren, das gerne auf Grund der Einfachheit des Bewertungsvorganges verwendet wird, und das Mischverfahren, werden nur der Vollständigkeithalber kurz erwähnt.

GESAMT-Bewertungsverfahren		
ERTRAGSWERT-Verfahren	DCF-Verfahren	VERGLEICHS-Verfahren
Unter Abstützung auf verschiedene Zahlungsströme bzw. Zahlungssalden (früher: Periodenerfolge)	BRUTTO-Verfahren	Verfahren gemäß Comparative Company Approach
	NETTO-Verfahren	
	APV-Verfahren	Multiplikatoren

EINZEL-Bewertungsverfahren	
SUBSTANZWERT-Verfahren	
Reproduktionswerte	Liquidationswerte

MISCH-Verfahren
MITTELWERT-Verfahren
ÜBERGEWINN-Verfahren

Abbildung 8: Überblick Bewertungsverfahren, **Quelle:** Haeseler, 2007: 42

Erläuterung Abbildung 8: In dieser Grafik wird ein Überblick über die möglichen Bewertungsverfahren gegeben. Es werden dabei auch Verfahren abgebildet, die laut aktuellem Fachgutachten KFS BW 1 nicht empfohlen werden. Empfohlene Verfahren sind das DCF-Verfahren in all seinen Ausprägungen und das Ertragswertverfahren.

3.5.2. Ertragswertverfahren

Das Ertragswertverfahren ist eines der beiden im KFS BW 1 empfohlenen Verfahren zur Unternehmensbewertung. Der Unternehmenswert wird bei diesem subjektiven Bewertungsverfahren, sofern der Zinssatz nicht durch ein Marktmodell (CAPM) wie bei den DCF-Verfahren festgelegt wird, durch Abdiskontieren der zukünftigen Einzahlungsüberschüsse ermittelt. Der Kalkulationszinssatz ist dabei durch die Rendite der Alternativanlage normiert *[Vgl. Mandl: 1997, 31]*. Wird allerdings der Zinssatz wie eingangs erwähnt über ein kapitalmarktorientiertes Modell festgelegt, so ergibt sich das gleiche Ergebnis wie bei dem Entity Ansatz des Discounted Cash-Flow Verfahren. Da die verschiedenen Ausprägungen des DCF ab Punkt 3.5.3. näher erläutert werden, wird auf die Vorgehensweise bei der Bewertung nach dem Ertragswertverfahren und der Verwendung eines Diskontierungszinssatzes, der von einem Kapitalmarktmodell abgeleitet wird, nicht mehr ausführlicher eingegangen.

Der Zinssatz wird beim Ertragswertverfahren grundsätzlich durch subjektive Risikoeinschätzung bestimmt. Ausgehend von einem Basiszinssatz, der durch die Alternativanlage normiert ist, werden die verschiedenen Risiken durch Aufschläge zum Basiszinssatz berücksichtigt *[Vgl. Mandl, 1997: 219]*. Nachdem der Kapitalisierungszinssatz festgelegt wurde, müssen die Einzahlungsüberschüsse der jeweiligen Perioden des Detailplanungszeitraumes ermittelt werden. Ein Schema dafür ist in Tabelle 3 abgebildet.

Berechnungsschema	Anmerkung
Ergebnis der gewöhnlichen Geschäftstätigkeit	Aus der GuV abgeleitet
+/- Aufwendungen/Erträge aus Anlagenabgang	nicht zahlungswirksame Auf-
+/- Abschreibungen/Zuschreibungen	wände und Erträge
+/- Veränderungen langfristiger Rückstellungen	Langfristige sind Rückstellungen mit einer Restlaufzeit > 1 Jahr
+/- Veränderungen vom Netto-Umlaufvermögen	Nettoumlaufvermögen besteht vor allem aus Forderungen, Verbindlichkeiten, Kassa, Bank
= Operativer Cash-Flow (OCF)	Cash-Flow aus der operativen Tätigkeit
+/- Investitions Cash-Flow (ICF)	Cash-Flow aus den Investitions- tätigkeiten
+/- Finanzierungs Cash-Flow (FCF)	Cash-Flow aus den Finanzie- rungstätigkeit
= Einzahlungsüberschuss der jeweiligen Periode	

Tabelle 3: Berechnungsschema Einzahlungsüberschuss, ETW **Quelle:** Eigene Darstellung, in Anlehnung an Mandl, 1997: 34

Erläuterung Tabelle 3: In Tabelle 3 ist das Rechenschema für die Berechnung der Einzahlungsüberschüsse im Detailplanungszeitraum dargestellt. Ausgehend vom EGT werden zahlungsunwirksame Vorgänge eliminiert. Daraus ergibt sich der Cash-Flow aus der operativen Tätigkeit. Weiters wird der Cashzufluss oder Ab- fluss aus dem Investitions- und Finanzierungsbereich berücksichtigt. Das Ergebnis ist der Einzahlungsüberschuss einer Periode. Der operative Cash-Flow umfasst al- le Geldflüsse im Zusammenhang mit der eigentlichen Tätigkeit des Unterneh- mens. Dagegen werden im Investitions Cash-Flow alle Veränderungen der Zah- lungsmittel auf Grund von Zu- beziehungsweise Abgängen von Vermögensge- genständen erfasst. Der Finanzierungs Cash-Flow umfasst alle Zahlungen im Zu- sammenhang mit Eigenkapital- und Kreditaufnahme, Rückzahlung von Eigenka- pital oder die Tilgung von Bankkrediten [Vgl. Auer, 2006: 96].

Bei der Bewertung nach dem Ertragswertverfahren werden zwei verschiedene Phasen unterschieden, der Detailplanungszeitraum und der Zeitraum nach dem Detailplanungszeitraum *[Vgl. Online 22]*. Laut der aktuellen Fassung des KFS BW 1 darf der Detailplanungszeitraum nicht größer als 5 Jahre sein. Ein längerer Detail- planungszeitraum ist möglich, muss allerdings begründet werden *[Vgl. Online 22]*. Für die Zeit nach dem Detailplanungszeitraum wird der Unternehmenswert durch den Continuing Value abgebildet. Wachstumsraten finden bei der Berechnung Berücksichtigung *[Vgl. Mandl, 1997: 239]*.

Der Continuing Value wird ausgehend vom letzten berechneten Einzahlungsüberschuss oder alternativ aus dem Durchschnitt der errechneten Einzahlungsüberschüssen im Detailplanungszeitraum berechnet. Der Vorteil der Ausgangsbasis mit den durchschnittlichen Einzahlungsüberschüssen liegt darin, dass überdurchschnittlich hohe beziehungsweise niedrige Werte einer Periode ausgeglichen werden.

Ausgehend von den obigen Überlegungen bei der Berechnung des Unternehmenswertes ergeben sich folgende Formeln:

Berechnung Barwert	Berechnung Continuing Value
Barwert $= \sum EZÜ_n / (1+i_k)^n$	Ohne Wachstum: $CV = EZÜ_{n \rightarrow \infty} / i_k * (1+i_k)^n$
	Mit Wachstum: $CV = EZÜ_{n \rightarrow \infty} / (i_k - w) * (1+i_k)^n$

Tabelle 4: Berechnungsschema für Barwert EZÜ und CV, **Quelle:** Eigene Darstellung, in Anlehnung an Mandl, 1997: 239f

Abschließend wird noch darauf hingewiesen, dass die bewerteten Einzahlungsüberschüsse ausgeschüttet werden, allerdings dabei die handelsrechtlichen oder vertraglichen Höchstgrenzen beachtet werden müssen. Unter handelsrechtlicher Restriktion fällt, dass maximal der unternehmensrechtliche Gewinn ausgeschüttet werden darf, sofern der errechnete Einzahlungsüberschuss höher als der Bilanzgewinn nach UGB ist. Weitere Restriktionen bezüglich der Ausschüttung sind in § 235 des Unternehmensgesetz-buches geregelt. Vertragliche Höchstgrenzen können in Gesellschaftsverträgen geregelt sein.

3.5.3. Discounted Cash-Flow Verfahren – Entity Ansatz

Neben dem unter Punkt 3.5.2. beschriebenen Ertragswertverfahren, empfiehlt das Fachgutachten zur Unternehmensbewertung noch das Discounted Cash-Flow Verfahren.

Der wesentliche Unterschied zum Ertragswertverfahren besteht vor allem in der Festlegung des Diskontierungszinssatzes. Dieser wird in den DCF-Verfahren durch ein kapitalmarktorientes Model, wie dem CAPM festgelegt. Dadurch werden subjektive Einflüsse bei der Bestimmung des Zinssatzes außer Ansatz gelassen *[Vgl. ERNST et. al, 2003: 10]*.

Bei den Discounted Cash-Flow Verfahren kann nach dem Kriterium der bewerteten Cash-Flows zwischen verschiedenen Ausprägungen der Verfahren unterschieden werden. Dabei findet eine Unterscheidung zwischen dem Entity, Equity und dem Adjusted Present Value Ansatz statt. Bei gleichen Annahmen erhält man bei alle drei Verfahren identische Ergebnisse. Das Ergebnis einer Bewertung mit Ertragswertverfahren und Entity Ansatz ist sehr ähnlich, sofern beim Ertragswertverfahren der Diskontierungszinssatz ebenfalls über ein kapitalmarktorientiertes Modell festgelegt wird *[Vgl. ERNST et. al, 2003: 10]*.

Da bei den verschiedenen Szenarien der Entity Ansatz des DCF-Verfahren zur Anwendung kommt, wird vor allem auf diesen Ansatz näher eingegangen.

Beim Entity Ansatz werden die Zahlungsströme an alle Kapitalgeber diskontiert. Es werden daher Zahlungen an die Eigen- und Fremdkapitalgeber berücksichtigt *[Vgl. ERNST et. al, 2003: 10]*. Die Basis für den Entity-Approach bilden die Free Cash-Flows *[Vgl. Mandl, 1997: 38]*. Für die Ermittlung der Free Cash-Flows wird nachstehendes Schema in Tabelle 5 verwendet:

Berechnungsgrößen	Anmerkung
Ergebnis der gewöhnlichen Geschäftstätigkeit	EGT wird aus GuV abgeleitet
- Ertragssteuern	Bezahlte Ertragssteuern,
+/- Abschreibung/Zuschreibung	Nichtzahlungswirksame Ab- oder Aufwertungen
+/- Verringerung/Erhöhung des Working Capital	Working Capital: Vorräten + Forderungen aus L&L + geleistete An-zahlungen - Verbindlich-keiten aus L&L - erhaltene Anzahlungen zusammen
+/- Erhöhung/Vermindunger PRA	Passive Rechnungsab-grenzungen (Erträge)
+/- Verminderung/Erhöhung ARA	Aktive Rechnungsab-grenzungen (Aufwände)
- weitere nicht zahlungswirksame Erträge	Buchtechnische Gewinne bei Abgang von Vermögens-werten
+ weitere nicht zahlungswirksame Aufwendungen	Buchtechnische Verluste bei Abgang von Vermögens-werten
+/- Zahlungswirksame Desinvestitionen bzw. Investitionen	Mittelzu-/abflüsse aus Ver-käufe/Käufe von Vermögens-werten
-/+ Erhöhung/Verringerung Zahlungsmittel	Veränderung von Kassa, Bank.
= Free Cash Flow	

Tabelle 5: Berechnungsschema Free Cash-Flows, **Quelle:** Matschke et. al, 2005: 565

Erläuterung Tabelle 5: In obiger Tabelle wird das Berechnungsschema für die Free Cash-Flows abgebildet. Diese Berechnungsmethode lehnt sehr stark an jene von Ballwieser, zitiert in Matschke et. al, 2005: 565 an. Dass dies nicht die einzige Möglichkeit der Berechnung von Free Cash-Flows ist, sollen nachstehende zwei Tabellen darlegen.

Neben dem generellen Berechnungsschema wurde von der Kammer der Wirtschaftstreuhänder eine Empfehlung zur Berechnung abgegeben. Dabei wird zwischen Vorlegung einer Planungsrechnung mit reiner Eigenfinanzierung und mit Eigen- und Fremdfinanzierung des Unternehmens unterschieden. Wird von einem rein eigenfinanzierten Unternehmen ausgegangen, wird nachfolgendes Schema verwendet:

Berechnungsschema	Anmerkung
EBIT (Ergebnis vor Steuern und Zinsen	Übernommen aus GuV
- Steuern bei reiner Eigenfinanzierung	Abzug der Steuer (vereinfachend 25% KöSt) von der Größe EBIT
= Ergebnis vor Zinsen nach angepasster Ertragssteuerlage	
+/- Aufwendungen/Erträge aus Anlagenabgänge	Buchtechnische Gewinne oder Verluste werden ausgeglichen
+/- Abschreibungen/Zuschreibungen	Veränderungen von Werten von Vermögensgegenständen
+/- Bildung/Auflösung von langfristigen Rückstellungen	Als langfristige Rückstellungen werden Rückstellungen mit einer Laufzeit von > 1 Jahr verstanden
+/- sonstige zahlungsunwirksame Aufwendungen und Erträge	Buchtechnische Gewinne und Verluste werden ausgeglichen
-/+ Erhöhung oder Verminderung des Nettoumlaufvermögens	Netto-Umlaufvermögen umfasst Forderungen, Verbindlichkeiten, Vorräte, Zahlungsmittel
-/+ Cash-Flow aus Investitionen/Desinvestitionen	Zugänge beziehungsweise Abgänge aus dem Vermögen
= Free Cash-Flow (Ohne Fremdfinanzierung)	

Tabelle 6: Berechnungsschema Free Cash-Flows, reine Eigenfinanzierung laut KFS BW 1, **Quelle:** Vgl. Online 22

> *Erläuterung Tabelle 6: Tabelle 6 bildet das im KFS BW 1 empfohlene Berechnungsschema für Free Cash-Flows ab. In dieser Tabelle ist die Variante mit einer vollständigen Eigenfinanzierung dargestellt.*

Unternehmen, die vollständig eigenfinanziert sind, sind unrealistisch und rar in der Praxis, so dass von diesem Ansatz abgewichen werden sollte. Es wird eine Situation mit einer gemischten Firnanzierung in Form von Eigen- und Fremdfinanzierung abgestellt. Für diese Situation wurde von der Kammer der Wirtschaftstreuhänder nachstehendes Schema vorgeschlagen:

Berechnungsschema	Anmerkung
Handelsrechtliches Jahresergebnis + Fremdkapitalzinsen - Steuerersparnis aus der Absetzbarkeit der FK-Zinsen	
= Ergebnis vor Zinsen nach angepasster Ertragssteuerlage	
+/- Aufwendungen/Erträge aus Anlagenabgängen	Buchtechnische Gewinne oder Verluste werden ausgeglichen
+/- Abschreibungen/Zuschreibungen	Veränderungen von Werten von Vermögensgegenständen
+/- Bildung/Auflösung von langfristigen Rückstellungen	Als langfristige Rückstellungen werden Rückstellungen mit einer Laufzeit von > 1 Jahr verstanden
+/- sonstige zahlungsunwirksame Aufwendungen und Erträge	Abschreibungen, Buchtechnische Gewinne
-/+ Erhöhung oder Verminderung des Netto-Umlaufvermögens	Netto-Umlaufvermögen umfasst Forderungen, Verbindlichkeiten, Vorräte, Zahlungsmittel
-/+ Cash-Flow aus Investitionen/Desinvestitionen	Zugänge beziehungsweise Abgänge aus dem Vermögen
= **Free Cash-Flow (mit Fremdfinanzierung)**	

Tabelle 7: Berechnungsschema Free Cash-Flows, Eigen- und Fremdfinanzierung laut KFS BW 1, **Quelle:** Vgl. Online 22

Erläuterung Tabelle 7: Tabelle 7 bildet die im KFS BW 1 empfohlene Berechnungsmethode für Free Cash-Flows unter dem Einfluss einer Fremdfinanzierung ab. Die nicht absetzbaren Fremdkapitalzinsen sind hinzuzurechnen, im Gegenzug ist die durch die berücksichtigten Fremdkapitalzinsen verringerte Steuerlast wegzuaddieren.

Unter den Free Cash-Flows versteht man jene liquide Mitteln, mit denen die Eigen- und Fremdkapitalgeber bedient werden können. Die Diskontierung der Free Cash-Flows erfolgt über einen Mischzinssatz, dem sogenannten WACC. Der WACC stellt die gewogenen Kapitalkosten des Unternehmens dar. Unter den gewogenen Kapitalkosten werden die gewichteten Durchschnittskosten von Eigen- und Fremdkapital verstanden *[Vgl. Mandl: 1997, 39]*.

Für die Berechnung der weight average cost of capital wird in der Literatur folgende Formel empfohlen:

Berechnung WACC
WACC = $[r_f + ß_u * (r_m - r_f)] * (EK^m/GK^m) + [(i * (1-t)] * (FK^m/GK^m)$
Abkürzungserklärung
r_f risikoloser Zinssatz
$ß_u$ Betafaktor des Unternehmens
r_m Rendite des Kapitalmarkt
EK^m Marktwert des Eigenkapitals
FK^m Marktwert des Fremdkapitals
GK^m Marktwert des Gesamtkapitals
i Fremdkapitalzinssatz
t Steuersatz (25 % KöSt)

Tabelle 8: Berechnungsschema WACC, **Quelle:** Vgl. Auer, 2006: 341

Erläuterung Tabelle 8: In dieser Aufstellung wird die Berechnung des WACC mit seinen einzelnen Komponenten dargestellt. Dabei berücksichtigt wird der Beta-faktor, der das Verhältnis der Schwankungen einer Aktie in Relation zum gesam-ten Markt abbildet [Vgl. Auer 2006: 341]. In der Unternehmensbewertung bildet der Betafaktor die Entwicklung des Unternehmens in Relation zur Entwicklung der gesamten Branche ab.

Ist der WACC berechnet, so wird mit der Berechnung des Shareholder Value (Marktwert des Eigenkapitals) fortgesetzt. Zu der berechneten Summe der Barwer-te der Free Cash-Flows wird anschließend der Marktwert des betriebsnotwendigen Vermögens hinzuaddiert, der Marktwert des verzinslichen Fremdkapitals wegge-rechnet. Der errechnete Wert stellt den Shareholder Value (der Marktwert des Eigenkapitals) dar *[Vgl. Mandl, 1997: 40f]*.

3.5.4. Discounted Cash-Flow Verfahren – Equity Ansatz

Neben dem Entity Ansatz, der unter Punkt 3.5.3. ausführlich besprochen wurde, besteht die Möglichkeit, nur die Zahlungen an die Eigenkapitalgeber zu bewerten. Diese Bewertungsmöglichkeit funktioniert vom Ablauf her identisch wie beim Entity Ansatz, jedoch wird von ein paar Prämissen abgewichen. Es werden im Equity

Ansatz die anfallenden Fremdkapitalzinsen und die Veränderung des Fremdkapitalstandes berücksichtigt *[Vgl. Mandl, 1997: 40f]*. Ausgehend von den Free Cash-Flows kann unter Berücksichtigung der erwähnten Prämissen der Flow to Equity folgender Maßen berechnet werden:

Berechnungsschema	Anmerkung
Free Cash Flow	
- Fremdkapitalzinsen	
+ Unternehmenssteuerersparnis wegen FK-Zinsen	
+ Aufnahme von verzinslichen Fremdkapital	
- Rückzahlung von verzinslichem Fremdkapital	
= Flow to Equity	

Tabelle 9: Berechnungsschema Flow to Equity, **Quelle:** Vgl. Mandl, 1997: 41

Erläuterung Tabelle 9: Die Berechnung des Flow to Equity (der Mittelzufluss an die Eigenkapitalgeber) wird in Tabelle 9 dargestellt. Dabei wird im Vergleich zum Entity Ansatz von gewissen Prämissen, vor allem im Bereich des Fremdkapitals, abgegangen.

Nachdem die Flow to Equity berechnet wurden, müssen diese noch mit der geforderten Eigenkapitalrendite der Eigenkapitalgeber abdiskontiert werden. Der Diskontierungszinssatz wird über ein Kapitalmarktmodell ermittelt. Die Barwerte der FTE stellen die Basis für den Shareholder Value dar. Um den endgültigen Marktwert des Eigenkapitals zu ermitteln, muss zusätzlich zum Barwert der Flow to Equity noch der Marktwert des nicht betriebsnotwendigen Vermögens hinzuaddiert werden *[Vgl. Mandl, 1997: 41]*.

3.5.5. Discounted Cash-Flow Verfahren – Adjusted Present Value

Neben den oben bereits erwähnten beiden Ausführungen des DCF existiert in der Praxis noch eine dritte Variante. Dem APV Verfahren wird zunächst eine vollständige Eigenfinanzierung unterstellt, auf dessen Basis der Marktwert des Eigenkapitals ermittelt wird. Um den Barwert der Free Cash-Flows zu ermitteln, werden die Einzahlungsüberschüsse mit der geforderten Rendite der Eigenkapitalgeber diskontiert. Die Fremdfinanzierung wird in diesem Konzept durch die Fremdkapitalzinsen und dem Tax Shield (der steuerliche Vorteil durch Berücksichtigung der Fremdkapitalzinsen) berücksichtigt.

Der Shareholder Value setzt sich bei diesem Konzept unter Berücksichtigung der Barwerte der FCF, dem Marktwert des nicht betriebsnotwendigen Vermögens, der Marktwerterhöhung auf Grund der Fremdfinanzierung und des Marktwertes des verzinslichen Fremdkapitals zusammen. Auf eine nähere Erläuterung dieser Ausprägung des DCF Verfahrens wird verzichtet, da bei den Modellen dieses Konzept nicht angewandt wird.

3.5.6. Substanzwertverfahren

Neben den bereits erläuterten Bewertungsverfahren, werden in der Praxis noch andere, nicht im KFS BW 1 empfohlene, Bewertungsverfahren angewandt. Das Substanzwertverfahren ist in der Kategorie der Einzelbewertungsverfahren einzuordnen. Bei diesem Verfahren werden alle im Unternehmen befindlichen Vermögensgegenstände einzeln bewertet *[Vgl. ERNST et. al, 2003: 5]*.

Das Substanzwertverfahren gibt es in zwei verschiedenen Ausprägungen: zum einen auf Basis von Liquidationswerten, zum anderen auf der Prämisse der Unternehmensfortführung (Going concern). Bei der Bewertung unter der Annahme der Liquidation wird dabei ausgegangen, dass das Unternehmen nach Beendigung des Bewertungsverfahrens zerschlagen wird. Der errechnete Liquidationswert ist nur dann anzusetzen, sofern der Liquidationswert höher ist als der Wert bei Weiterführung des bewertenden Unternehmens *[Vgl. ERNST et. al: 2003, 4f]*.

Der Substanzwert auf Basis der Liquidationswerte wird nach folgendem Schema berechnet:

Berechnungsschema	Anmerkung
Liquidationserlös des gesamten betrieblichen Vermögens	Erzielter Erlös der einzelnen, verkauften Vermögensgegenstände
- Wert der Verbindlichkeiten	Summe der gesamten Verbindlichkeiten zum Bewertungszeitpunkt
- Liquidationskosten	Kosten des Liquidationsverfahrens
= Substanzwert auf Basis von Liquidationswerten	

Tabelle 10: Berechnungsschema Substanzwertverfahren, **Quelle:** Vgl. ERNST et. al, 2007: 5

3.5.7. Mischverfahren

Mischverfahren werden als Weiterentwicklung von Einzelbewertungsverfahren betrachtet. Sie berücksichtigen nicht nur den Unternehmenswert anhand der vorhandenen „Substanz", sondern nehmen noch die Ertragskraft als weiteres Kalkül in die Bewertung mit auf *[Vgl. ERNST et. al, 2007:5]*. Daher erfolgt bei Mischverfahren die Berechnung über der Kombination von Einzel- und Gesamtbewertungsverfahren *[Vgl. Mandl, 1997: 49]*.

Die Mischverfahren gibt es in zwei Varianten, als Mittelwertverfahren und Übergewinnverfahren. In der Praxis wird dabei vor allem auf das Mittelwertverfahren abgestellt, weshalb hier das Übergewinnverfahren nur der Vollständigkeit halber erwähnt wird. *[Vgl. Haeseler, 2007: 56]*. Bei Mittelwertverfahren wird der Unternehmenswert über das arithmetische Mittel aus den Unternehmenswerten nach dem Ertragswert- und Substanzwertverfahren berechnet. Die Gewichtung der Ergebnisse der beiden verschiedenen Verfahren kann in gleichen Teilen erfolgen, oder im Verhältnis 2:1 für das Ertragswertverfahren Berücksichtigung finden *[Vgl. Haeseler, 2007: 56]*.

4. Unternehmensbewertung Praxisteil

4.1. Allgemeine Informationen

Im praxisbezogenen Teil dieser Arbeit wird der Einfluss des Zertifikatehandels anhand eines fiktiven Unternehmens in Zahlen ausgedrückt. Die verschiedenen Mechanismen des Kyoto Protokolls wurden erläutert, so dass es nachvollziehbar ist, dass jeder dieser Mechanismen Zahlungsströme auslöst.

Um die Auswirkungen des Einflusses darstellen zu können, wird zum Beginn des Praxisteiles eine Unternehmensbewertung, bereinigt um die Umweltaufwendungen auf Grund des Kyoto-Protokolles, durchgeführt. Ausgehend von diesem Wert wird die Abweichung durch das Berechnen des Unternehmenswertes mit den Aufwendungen festgestellt werden. Die Unternehmensbewertungen erfolgen mit dem Ertragswertverfahren und dem Entity Ansatz des Discounted Cash-Flow Verfahren.

Als zu bewertendes Unternehmen wurde ein Stahlproduzent angenommen. Dieses Unternehmen muss auf Grund seiner Tätigkeit am Zertifikatehandel teilnehmen [Vgl. Richtlinie 2003/87/EG]. Als Paradebeispiel für ein solches Unternehmen kann in Österreich die VOEST mit Konzernsitz in Linz genannt werden. Daher wurden die Zahlen der Gewinn- und Verlustrechnung für die Planungszeiträume sehr stark an jene Zahlen der VOEST Konzern Gewinn- und Verlustrechnung aus dem Geschäftsjahr 2008/2009 angelehnt. Ausgehend von dieser leicht vereinfachten Konzern GuV und Bilanz werden die Unternehmenswerte berechnet.

4.2. Prämissen

4.2.1. Allgemeine Informationen

Um die nachfolgenden Berechnungen durchführen zu können, müssen am Beginn einer jeden Unternehmensbewertung Annahmen getroffen werden. Die Annahmen betreffen vor allem die grundlegenden Spielmöglichkeiten in der Unternehmensbewertung. Bei den Bewertungsszenarien wird bezüglich der Anzahl der Perioden und dem Continuing Value nachstehende Annahmen getroffen. Beim Detailplanungszeitraum wird auf einen Zeitraum von 4 Jahren abgestellt. Eine Ausweitung auf bis zu 5 Jahren wäre laut aktuellem Fachgutachten zur Unternehmensbewertung, KFS BW 1, möglich, von dieser Option wird allerdings nicht Gebrauch gemacht. Der Continuing Value wird auf Basis der durchschnittlichen Einzahlungsüberschüsse im Detailplanungszeitraum unter Berücksichtigung einer Wachstumsrate von 2% ermittelt.

Vereinfachend wird in Anlehnung an die Konzern Gewinn- und Verlustrechnung der VOEST von einem fiktiven Umsatz von 10.000.000 Euro ausgegangen, der sich jährlich um 2% erhöht. Die sonstigen betrieblichen Erträge werden mit 3% der Umsatzerlöse angenommen. Diese Erträge steigen jährlich um dieselbe Rate wie die Umsatzerlöse.

Die betrieblichen Aufwände setzen sich aus den sonstigen betrieblichen Aufwendungen (50% der sonstigen betrieblichen Aufwendungen stellen Aufwendungen für den Zukauf von Zertifikaten dar), den Vertriebs- und den Verwaltungskosten zusammen. In den sonstigen Betrieblichen Aufwendungen ist auch die Abschreibung berücksichtigt. Diese beträgt jährlich 15% der sonstigen betrieblichen Aufwendungen.

Die Vertriebskosten sind mit 8%, die Verwaltungskosten mit 4% der Umsatzerlöse festgelegt.

Das Finanzergebnis, das sich aus den Finanzerträgen und –aufwendungen zusammensetzt, wächst jedes Jahr, ausgehend von Erträgen in der Höhe von 60.000 Euro beziehungsweise Aufwendungen von 200.000 Euro um 2,5% jährlich.

Die sonstigen betrieblichen Erträge betragen 3% der Umsatzerlöse. Die Besteuerung des EBT (Ergebnis vor Steuern) erfolgt mit einem Körperschaftssteuersatz von 25%. In Anlehnung an die VOEST liegt hierbei eine Kapitalgesellschaft in Form einer Aktiengesellschaft vor. Würde dieses Unternehmen in Form einer Gesellschaft mit beschränkter Haftung geführt werden, so würde das Ergebnis ebenso mit dem fixen Steuersatz von 25% besteuert werden. Nähere Informationen über die Besteuerung von Kapitalgesellschaften werden unter Punkt 4.2.2. bereitgestellt.

Bezüglich dem verzinslichen Fremdkapital und dem betriebsnotwendigen Vermögen müssen für spätere Berechnungen noch Annahmen getroffen werden. In starker Anlehnung an die Bilanz der VOEST aus dem Geschäftsjahr 2008/2009 wird das betriebsnotwendige Vermögen des fiktiven Unternehmens mit 10,0 Millionen Euro (Buchwert) geschätzt *[Vgl. Online 10]*. Da allerdings für die Berechnungen der Marktwert eine Rolle spielt, wird von einem niedrigeren Marktwert ausgegangen (8,0 Millionen Euro). Diese Überlegung kann deshalb begründet werden, da diese Produktionsanlagen auf Grund von Maschinen mit moderneren Technologien am Markt den Wert der derzeitigen Produktionsanlagen schneller sinken lässt. Das verzinsliche Fremdkapital wurde mit 5,0 Millionen Euro angenommen und liegt somit im Bereich von jenem der VOEST im Geschäftsjahr 2008/2009 *[Vgl. Online 10]*. Bei der Aufstellung der GuV-Rechnung wird auf das Umsatzkostenverfahren zurückgegriffen. Als Alternative würde das Gesamtkostenverfahren zur Verfügung stehen. Nähere Informationen diesbezüglich werden unter Punkt 5.2.3. behandelt.

Bezüglich der Ausschüttung wird davon ausgegangen, dass die gesamten Einzahlungsüberschüsse, unter der Beachtung der Bestimmungen des Unternehmensgesetzbuches, ausgeschüttet werden. Dividenden an die Aktionäre (30% des Grundkapitals sind in Streubesitz) werden im Finanzierungs Cash-Flow berücksichtigt und betragen vereinfacht 30% des errechneten Einzahlungsüberschusses. Die restlichen 70% fließen den restlichen Kapitalgebern (Mehrheitsgesellschafter, Banken) zu.

4.2.2. Exkurs Besteuerung von Kapitalgesellschaften

Zu den Kapitalgesellschaften zählen in Österreich die Rechtsformen Aktiengesellschaft und Gesellschaft mit beschränkter Haftung. Einen Sonderfall stellen dabei Privatstiftungen dar, die zwar wie Kapitalgesellschaften angesehen werden, allerdings vorerst noch mit einem begünstigten Steuersatz von 12,5% besteuert werden.

Bei der Besteuerung von Kapitalgesellschaften wird auf das Trennungsprinzip zurückgegriffen. Das bedeutet, dass einerseits die Gesellschaft an sich und andererseits der Geschäftsführer voneinander getrennt besteuert werden. Kapitalgesellschaften werden seit 2005 mit einem 25%igen Körperschaftssteuersatz besteuert, vor 2005 galt einer Körperschaftssteuersatz von 34%. *[Vgl. Online 24]*. Im Vergleich mit anderen EU-Ländern ist in Österreich der aktuelle Körperschaftssteuersatz niedrig. In nachstehender Tabelle sind von den wichtigsten Mitgliedsstaaten die Steuersätze abgebildet.

Land	KöSt-Satz
Tschechien	20,00 %
Portugal	25,00 %
Österreich	*25,00 %*
EU (27)	*28,50 %*
EU (15)	*29,30 %*
Deutschland	29,40 %
Spanien	30,00 %
Italien	31,40 %
Frankreich	33,33 %

Tabelle 11: Überblick Körperschaftssteuersätze in der EU (Auszug)

Erläuterung Tabelle 11: In Tabelle 11 wird ein Überblick über das Besteuerungsniveau von Kapitalgesellschaften in den wichtigsten Handelspartnern von Österreich innerhalb der EU gegeben. Im Vergleich zu den Durchschnittssteuersätzen in den Mitgliedsstaaten der Europäischen Union kann abgeleitet werden, dass die Senkung des Steuersatz von 34% auf 25% zur Erhöhung der Attraktivität des Standortes Österreich für Kapitalgesellschaften beigetragen hat.

4.2.3. Exkurs Umsatzkostenverfahren vs. Gesamtkostenverfahren

Bei der Ermittlung des Gewinnes kann auf zwei verschiedene Verfahren zurückgegriffen werden. Es wird zwischen dem Gesamtkosten- und Umsatzkostenverfahren unterschieden. Der Unterschied zwischen den beiden Verfahren liegt im Ausweis der Aufwendungen im Berechnungsschema. Beim Gesamtkostenverfahren erfolgt die Gliederung nach den Kostenarten *[Vgl. Auer, 2006: 39]*. Die wichtigsten Kostenpositionen stellen der Material- und Personalaufwand sowie die Abschreibung dar. Im Vergleich dazu werden die Aufwendungen im Umsatzkostenverfahren nach den verschiedenen Kostenstellen im Unternehmen aufgegliedert *[Vgl. Auer, 2006: 44]*. Die wichtigsten Kostenstellen in diesem Schema sind Verwaltung und Vertrieb. In beiden Schemata gibt es einen Posten „Sonstiger betrieblicher Aufwand". Dort werden alle nicht zuordenbare Aufwendungen erfasst. Nach einer Empfehlung der AFRAC werden in diesem Bereich des Schemas auch die Aufwendungen für CO_2 Zertifikate erfasst *[Vgl. Online 23]*.

4.3. Gewinn- und Verlustrechnung

4.3.1. Allgemeine Informationen

Die Basis der Berechnung der Einzahlungsüberschüsse in den Perioden des Detailplanungszeitraumes stellt das Ergebnis der gewöhnlichen Geschäftstätigkeit, welches der Gewinn- und Verlustrechnung entnommen werden kann, dar. Anbei werden zwei Varianten der Gewinn- und Verlustrechnung für nachstehende Szenarien abgebildet. Eine Variante beinhaltet die Aufwendungen, die durch den CO_2 Zertifikatehandel verursacht wurden, die zweite Gewinn- und Verlustrechnung wurde um diese Aufwendungen bereinigt.

4.3.2. GuV-Rechnung mit CO_2 Zertifikateaufwendungen

Unter Punkt 4.3.2. wird die Gewinn- und Verlustrechnung mit der Berücksichtigung der Umweltaufwendungen für CO_2 Zertifikate abgebildet. Diese Gewinn- und Verlustrechnung wurde im Umsatzkostenverfahren durchgeführt und abgebildet. Eine starke Anlehnung an jene der VOEST ist gegeben.

	t1	t2	t3	t4
Umsatzerlöse	10.000.000	10.200.000	10.404.000	10.612.080
- Umsatzkosten	5.000.000	5.100.000	5.202.000	5.306.040
= Bruttoergebnis vom Umsatz	5.000.000	5.100.000	5.202.000	5.306.040
+ sonstige betriebliche Erlöse	300.000	306.000	312.120	318.362
- Vertriebskosten	800.000	816.000	832.320	848.966
- Verwaltungskosten	400.000	408.000	416.160	424.483
- sonstige betriebliche Aufwendungen	3.500.000	3.570.000	3.641.400	3.714.228
davon für Zertifikate	1.750.000	1.785.000	1.820.700	1.857.114
davon Abschreibung	525.000	535.500	546.210	557.134
= EBIT Ergebnis vor Steuern, Zinsen	600.000	612.000	624.240	636.725
+ Finanzerträge	60.000	61.500	63.038	64.613
- Finanzaufwendungen	200.000	205.000	210.125	215.378
= EBT Ergebnis vor Steuern	**460.000**	**468.500**	**477.153**	**485.960**
- Steuern vom Einkommen (25% KöSt)	115.000	117.125	119.288	121.490
= Ergebnis nach Steuern	345.000	351.375	357.864	364.470

Tabelle 12: Berechnung des Ergebnisses nach Steuern mit Einfluss

Erläuterung Tabelle 12: In dieser Tabelle wurde die Berechnung des Ergebnis nach Steuern nach dem Umsatzkostenverfahren unter Berücksichtigung des Zertifikatehandels abgebildet. Bei den sonstigen betrieblichen Erträgen wurden die beiden größten Positionen – Aufwendungen für Zertifikate und die Abschreibung – extra ausgewiesen.

4.3.3. GuV-Rechnung ohne CO_2 Zertifikateaufwendungen

Unter diesem Punkt wurde die zuvor dargestellte Gewinn- und Verlustrechnung um die Umweltaufwendungen für CO_2 Zertifikate bereinigt. Das heißt, das errechnete Ergebnis der gewöhnlichen Geschäftigkeit in den Perioden t1 bis t4 würde sich ergeben, sofern das fiktive Unternehmen nicht am Zertifikatehandel partizipieren müsste. Diese Gewinn- und Verlustrechnung wurde ebenfalls wieder nach dem Umsatzkostenverfahren erstellt.

	t1	t2	t3	t4
Umsatzerlöse	10.000.000	10.200.000	10.404.000	10.612.080
- Umsatzkosten	5.000.000	5.100.000	5.202.000	5.306.040
= Bruttoergebnis vom Umsatz	5.000.000	5.100.000	5.202.000	5.306.040
+ sonstige betriebliche Erlöse	300.000	306.000	312.120	318.362
- Vertriebskosten	800.000	816.000	832.320	848.966
- Verwaltungskosten	400.000	408.000	416.160	424.483
- sonstige betriebliche Aufwendungen	1.750.000	1.785.000	1.820.700	1.857.114
davon Abschreibung	262.500	267.750	273.105	278.567
= EBIT Ergebnis vor Steuern, Zinsen	2.350.000	2.397.000	2.444.940	2.493.839
+ Finanzerträge	60.000	61.500	63.038	64.613
- Finanzaufwendungen	200.000	205.000	210.125	215.378
= EBT Ergebnis vor Steuern	**2.210.000**	**2.253.500**	**2.297.853**	**2.343.074**
- Steuern vom Einkommen (25% KöSt)	552.500	563.375	574.463	585.769
= Ergebnis nach Steuern	1.657.500	1.690.125	1.723.389	1.757.306

Tabelle 13: Berechnung des Ergebnisses nach Steuern ohne Einfluss

> *Erläuterung Tabelle 13: Tabelle 13 bildet die Berechnung des Ergebnis vor Steuern unter dem Aspekt, dass das fiktive Unternehmen nicht am Zertifikatehandel partizipieren muss, ab. Die Abschreibung wurde mit 15% der sonstigen betrieblichen Aufwendungen festgelegt. Im Vergleich zur Berechnung unter Einfluss des Zertifikatehandel ergibt sich deshalb eine niedrigere Abschreibung, da das Unternehmen weniger in neue Technologien investiert, da es keine „Bestrafung" für zu hohen CO_2 Ausstoß vorgesehen ist.*

4.4. Working Capital (Nettoumlaufvermögen)

Bei den durchgeführten Bewertungen, bei denen der Einzahlungsüberschuss auf Basis der Kapitalflussrechnung ermittelt wird, muss die Gewinn- und Verlustrechnung nicht nur um die zahlungsunwirksamen Aufwendungen und Erträge korrigiert werden. Auch Veränderungen im Nettoumlaufvermögen müssen Berücksichtigung finden.

Zum Nettoumlaufvermögen zählen die Vorräte, die Forderungen aus Lieferungen und Leistungen und Lieferverbindlichkeiten aus Lieferungen und Leistungen. Die Veränderungen der Rückstellungen müssen ebenso berücksichtigt werden, sofern unter der Prämisse bewertet wird, dass nicht alle Aufwendungen auch Ausgaben darstellen *[Vgl. Born, 1995: 113ff]*. Zahlungsmitteläquivalente werden im Normalfall in jedem Unternehmen einen gewissen Mindestbestand aufweisen. Für diesen Mindestbestand erhält das Unternehmen einen unwesentlichen Zinsbetrag gutgeschrieben. Wenn dieser Mindestbestand beziehungsweise in weiterer Folge die Zinsgutschrift sich in einem unwesentlichen Bereich befindet, kann dieser Posten auch vernachlässigt werden *[Vgl. Born, 1995: 113]*. In den nachfolgenden Berechnungen wird von dieser Option der Vernachlässigung Gebrauch genommen. Weitere Posten, die im Umlaufvermögen Berücksichtigung finden könnten, sind Rechnungsabgrenzungsposten – sofern diese von Bedeutung sind – und sonstiges Umlaufvermögen sowie sonstige Verbindlichkeiten. Im sonstigen Umlaufvermögen könnten Wertpapiere des Umlaufvermögens sein, in den sonstigen Verbindlichkeiten könnten Steuerschulden gegenüber dem Finanzamt ausgewiesen werden *[Vgl. Born, 1995: 115f]*.

In nachstehend abgebildeter Tabelle wird das Nettoumlaufvermögen für den Detailplanungszeitraum von vier Perioden abgebildet.

	t-1	t1	t2	t3	t4
Vorräte	2.500.000	3.000.000	3.200.000	2.900.000	3.000.000
Forderungen aus L+L	200.000	230.000	220.000	200.000	240.000
Sonstiges Umlaufvermögen	220.000	200.000	230.000	250.000	230.000
Aktive Rechnungsabgrenzung	20.000	17.000	18.000	19.000	21.000
kurzfristige Rückstellungen	400.000	430.000	420.000	410.000	400.000
Verbindlichkeiten aus L+L	1.900.000	2.100.000	1.800.000	2.000.000	2.200.000
Sonstige Verbindlichkeiten	200.000	198.000	210.000	200.000	190.000
Passive Rechnungsabgrenzung	50.000	40.000	55.000	48.000	51.000

Tabelle 14: Darstellung des Nettoumlaufvermögens

Erläuterung Tabelle 14: In dieser Tabelle ist das Nettoumlaufvermögen abgebildet. Es setzt sich aus den unter Punkt 4.4. beschriebenen Posten zusammen. In t-1 sind die Ausgangswerte vor dem Detailplanungszeitraum abgebildet. Die Perioden t1 bis t4 stellen den Detailplanungszeitraum dar (4 Perioden). Der Zeitraum t-1 ist notwendig, um so die Veränderung zur Periode t1 feststellen zu können.

	t-1	t1	t2	t3	t4
Vorräte		-500.000	-200.000	300.000	-100.000
Forderungen aus L+L		-30.000	10.000	20.000	-40.000
Sonstiges Umlaufvermögen		20.000	-30.000	-20.000	20.000
Aktive Rechnungsabgrenzung		3.000	-1.000	-1.000	-2.000
kurzfristige Rückstellungen		30.000	-10.000	-10.000	-10.000
Verbindlichkeiten aus L+L		200.000	-300.000	200.000	200.000
langfristige Rückstellungen		-2.000	12.000	-10.000	-10.000
Passive Rechnungsabgrenzung		-10.000	15.000	-7.000	3.000
Summe		**-289.000**	**-504.000**	**472.000**	**61.000**

Tabelle 15: Veränderung des Nettoumlaufvermögens,

> *Erläuterung Tabelle 15: Diese Tabelle bildet die Veränderung des Working Capital ab. Diese Veränderungen in den Detailplanungszeiträumen werden für die Berechnung des Einzahlungsüberschusses benötigt.*

4.5. Bewertungen

4.5.1. Allgemeine Informationen

Um eine zahlungsstromorientierte Bewertung vornehmen zu können, muss ausgehend vom Ergebnis der gewöhnlichen Geschäftstätigkeit eine Umrechnung der Werte aus der Gewinn- und Verlust-Rechnung in eine Kapitalflussrechnung erfolgen. Dabei werden alle Erlöse und Aufwände korrigiert, die nicht zahlungswirksam sind. Des Weiteren erfolgt eine Aufteilung der Kapitalflussrechnung in einen operativen, Finanzierungs- und Investitionsteil. Dadurch soll die Herleitung des erzielten Zahlungsüberschusses transparenter gestaltet werden.

4.5.2. Bewertung mit Einfluss nach Ertragswertverfahren

Das Ergebnis vor Steuern bildet die Grundlage für die Berechnung des Unternehmenswertes. Bei der Berechnung des Unternehmenswertes müssen die zahlungsunwirksamen Posten herausgerechnet werden. Die erhaltenen Einzahlungsüberschüsse werden anschließend mit dem Diskontierungszinssatz in Barwerte umgerechnet. Der Diskontierungszinssatz wurde wie nachstehend abgebildet berechnet:

Position	Werte
Basiszinssatz	3,17 %
- Berücksichtigung Besteuerung	0,79 %
= entsteuerter Zinssatz	**2,38 %**
- Inflationsabschlag	2,00 %
+ Risikozuschlag	3,17 %
+ Immobilitätszuschlag	0,32 %
= Kapitalisierungszinssatz	**3,23 %**

Tabelle 16: Berechnung Diskontierungszinssatz Ertragswertverfahren mit Einfluss

Erläuterung Tabelle 16: In Tabelle 16 wurde die Berechnung des Diskontierungszinssatzes für das Ertragswertverfahren dargestellt. Ausgehend von einem Basiszinssatz, der von der Rendite einer Bundesanleihe abgeleitet wurde [Vgl. Online 26], wird anschließend die Entsteuerung durch das wegaddieren der 25%igen Körperschaftsschaftssteuer für inländische Kapitalge-sellschaften vorgenommen. Anschließend, ausgehend von einer Realplanung, wird die aktuelle Inflationsrate berücksichtigt [Vgl. Online 27]. Da sich das fiktive Unternehmen in einer sehr schwankenden Branche befindet und zudem stark von einzelnen Industriezweigen abhängig ist, wurde das generelle und spezielle Unternehmrrisiko mit einem Aufschlag von 100% zum Basiszinssatz berücksichtigt. Das Risiko der Immobilität hat mit einem 10%igen Aufschlag zum Basiszinssatz Berücksichtigung gefunden.

Der berechnete Diskontierungszinssatz wird für die in weiterer Folge notwendige Berechnung der Barwerte benötigt.

	t1	t2	t3	t4
Handelsrechtliche Ergebnis vor Steuern	460.000	468.500	477.153	485.960
+/- Aufwendungen/Erträge Anlagenabg.	-40.000	-22.000	-15.000	-10.000
+/- Abschreibung/Zuschreibung	525.000	535.500	546.210	557.134
+/- Änderung Nettoumlaufvermögen	-289.000	-504.000	472.000	61.000
+/- Änderung langfr. Rückstellungen	-2.000	12.000	-10.000	-10.000
= Operativer Cash-Flow	654.000	490.000	1.470.363	1.084.094
- Steueraufwand	115.000	117.125	119.288	121.490
= Laufender Cashflow	539.000	372.875	1.351.074	962.604
+/- Investitions Cash-Flow	-525.000	-535.500	-546.210	-557.134
+/- Finanzierungs Cash-Flow	-75.000	0	0	143.146
= Einzahlungsüberschuss	-61.000	-162.625	804.864	548.616

Barwerte:	-59.091	-157.537	779.681	531.450
Summe Barwerte DPZ:	1.094.503			

Tabelle 17: Berechnung Barwert Detailplanungszeitraum Ertragswertverfahren mit Einfluss

> *Erläuterung Tabelle 17: Tabelle 17 stellt die Berechnung des Barwertes für den Detailplanungszeitraum dar. Dabei wurden ausgehend vom Ergebnis vor Steuern alle nicht zahlungswirksamen Vorgänge eliminiert, so dass am Ende die Einzahlungsüberschüsse der einzelnen Perioden als Ergebnis dargestellt werden. Bei der Ausschüttung wurde die Prämisse wie folgt festgelegt: 30% werden ausgeschüttet, 70% thesauriert. Von einem negativen Ergebnis werden im Folgejahr keine Ausschüttungen getätigt. Handelsrechtliche Schranken finden beim Ausschüttungsverhalten Berücksichtigung. Der Einzahlungsüberschuss in der Periode t-1 wurde mit 250.000 €uro festgelegt.*

Der errechnete Wert für den Detailplanungszeitrum beträgt 1.094.503 €uro. Um den Unternehmenswert berechnen zu können, muss die zweite Komponente, der Continuing Value noch bestimmt werden. Auf Grund der schwankenden Einzahlungsüberschüsse wird bei der Berechnung des Continuing Value auf die durchschnittlichen Einzahlungsüberschüsse zurückgegriffen. Vorteil dieser Variante ist, dass sehr starke Schwankungen in den Einzahlungsüberschüssen ausgeglichen werden. Die Formel für die Berechnung des Continuing Value wurde in Tabelle 4 abgebildet. Das Wachstum wurde für die Szenarien einheitlich mit 2% je Periode angenommen. Daher wird zur Berechnung des Continuing Value die Formel aus Tabelle 4 mit dem Wachstumsfaktur (w) benötigt.

Ausgehend von den durchschnittlichen Einzahlungsüberschüssen wird eine ewige Rente gebildet und anschließend der Barwert dieser ewigen Rente berechnet. Dieser Vorgang wird in Tabelle 18 abgebildet.

Berechnung Continuing Value:	
Durchschnittlicher EZÜ	273.626
Ewige Rente mit Diskontierungszinssatz:	22.245.991
Barwert Contiuing Value:	19.589.712

Tabelle 18: Berechnung Barwert Continuing Value Ertragswertverfahren mit Einfluss

Erläuterung Tabelle 18: Um die Zeit nach dem Detailplanungszeitraum im er-rechneten Unternehmenswert berücksichtigen zu können, wurde der Continuing Value bestimmt. Ausgehend von den durchschnittlichen Einzahlungsüberschüs-sen wurde eine ewige Rente unter Berücksichtigung des 2%igen Wachstum ge-bildet. Diese errechnete ewige Rente wurde anschließend auf den Zeitpunkt t0, ausgehend von 4 Perioden, da der Detailplanungszeitraum mit 4 Perioden ange-nommen wurde, abgezinst.

Um den Unternehmenswert zu berechnen, muss der errechnete Barwert, der dem Detailplanungszeitraum und dem Zeitraum nach dem Detailplanungszeitraum zugerechnet wird, addiert werden. Der errechnete Unternehmenswert wird dabei in nachstehender Tabelle abgebildet:

Position	Werte
Summe Barwert Detailplanungszeitraum	1.094.503,00 €uro
+ Summe Barwert Continuing Value	19.589.712,00 €uro
= Berechneter Unternehmenswert	**20.684.215,00 €uro**

Tabelle 19: Unternehmenswert mit Ertragswertverfahren und Einfluss des CO_2 Zertifikatehandels

Erläuterung Tabelle 19: Abschließend zum ersten Bewertungsbeispiel wurde der errechnete Unternehmenswert tabellarisch dargestellt. Der errechnete Unternehmenswert setzt sich aus den beiden Komponenten: Barwert des Detailplanungszeitraumes und Barwert für den Zeiraum nach dem Detailplanungszeitraum (Continuing Value) zusammen.

4.5.3. Bewertung mit Einfluss nach DCF-Verfahren, Entity Ansatz

Um den Einfluss des gewählten Bewertungsverfahrens aufzeigen zu können, wird eine erneute Bewertung unter Einfluss des Zertifikatehandels durchgeführt, allerdings wird als Bewertungsverfahren der Entity-Ansatz des Discounted Cashflow Verfahrens verwendet. Dieses Vorgehen sollte die unterschiedlichen Ergebnisse bei der Bestimmung des Diskontierungszinssatzes über ein Marktmodell (DCF) und bei der Bestimmung durch das Bewertungssubjekt darstellen. Beim Entity Ansatz werden die Zahlungsströme an alle Kapitalgeber berücksichtigt, wobei ein ähnliches Ergebnis wie beim Ertragswertverfahren erzielt werden würde, sofern der Zinssatz nicht über ein Marktmodell festgelegt wird *[Vgl. ERNST et. al, 2003: 10]*.

Als ersten Arbeitsschritt wird der Diskontierungszinssatz festgelegt. Dieser wird, durch den Ausdruck (1+WACC) wiedergeben. Der Diskontierungssatz wird durch die gewichteten Durchschnittskosten von Eigen- und Fremdkapital abgebildet *[Vgl. Mandl: 1997, 39]*. Das Risiko für das Eigenkapital wird durch einen Zinssatz einer langfristigen Anleihe mit einer Laufzeit von in etwa 10 bis 30 Jahren bestimmt. Der Eigenkapitalkostensatz wird durch das Addieren des Zinssatzes einer risikolosen Anleihe mit dem Ergebnis aus der Multiplikation des Marktrisikos, im Normalfall in etwa 5% *[Vgl. Bachl 2007: 35]*, mit dem Betafaktor des Unternehmens ermittelt. Der Betafaktor kann vom ÖTOB Ticker hergeleitet werden oder von Bewertungen von ähnlichen Unternehmen abgeleitet werden. Bezüglich der Relation zwischen Eigen- und Fremdkapital wurde die Aufteilung sehr stark in Anlehnung an die Bilanz der VOEST aus dem Geschäftsjahr 2008/2009 vorgenommen *[Vgl. Online 10]*. Die entsprechende Formel für die Berechnung des WACCs wird der Tabelle 8 entnommen:

$$\text{WACC} = [r_f + \text{ß}_u * (r_m - r_f)] * (EK^m/GK^m) + [(i * (1\text{-}t)] * (FK^m/GK^m)$$

Um die Berechnung nachvollziehbar zu machen, sind hier nochmals die Angaben zur Berechnung des WACC-Satzes übersichtlich dargestellt:

Position	Wert
r_f risikoloser Zinssatz	3,17% [Vgl. Online 28]
β_u Betafaktor des Unternehmens	0,85% [Vgl. Online 29]
r_m Rendite des Kapitalmarkt	5,00% [Vgl. Bachl, 2007: 35]
EK^m Marktwert des Eigenkapitals	4.200.000,00 €uro
FK^m Marktwert des Fremdkapitals	8.800.000,00 €uro
Marktwert des verzinslichen FK	5.000.000,00 €uro
GK^m Marktwert des Gesamtkapitals	13.000.000,00 €uro
i Fremdkapitalzinssatz	2,33% [Vgl. Online 30]
t Steuersatz (25 % KöSt)	25,00 %

Tabelle 20: Bestandteile WACC-Formel

Erläuterung Tabelle 20: In dieser Tabelle werden die einzelnen Bestandteile und verwendete Werte zur Berechnung der gewichteten Kapitalkosten abgebildet. Der Betafaktor des Unternehmens wurde dem Prüfbericht zur Übernahme der Anteile an der BU durch die VOEST entnommen. Da das fiktive Unternehmen in einer ähnlichen Branche wie Böhler Uddeholm oder VOEST tätig ist, wird dieser Betafaktor durchwegs den Ansprüchen gerecht. Dieser Betafaktor <1 kann so interpretiert werden, dass am Markt das Risiko auf Grund der verschiedenen Titeln noch immer höher eingestuft werden kann, als bei dem bewerteten Unternehmen.

Werden die in Tabelle 20 aufgelisteten Werte in die Formel zur Berechnung des WACC eingesetzt, erhält man folgenden Wert:

WACC = [3,17 + 0,85 * (5,00 -3,17)] * (4,2/13) + [(2,33 * (1-0,25)] * (5/13)

WACC = [4,02 * 1,83] *0,32 + [2,33 * 0,75] * 0,38

WACC = 2,35 + 0,66 = 3,01%

Anmerkung Berechnung WACC: Bei der Berechnung wurde nur das verzinsliche Fremdkapital in der Höhe von 5,0 Millionen, und nicht das gesamte Fremdkapital im Ausmaß von 8,8 Millionen Euro, berücksichtigt [Vgl. Auer, 2006: 342]

Der berechnete WACC in der Höhe von 3,01% wird für die Ermittlung der Barwerte benötigt. Ausgehend von den errechneten Einzahlungsüberschüssen werden unter Verwendung des WACC die Barwerte der einzelnen Perioden bestimmt. Diese Ermittlung wird in nachstehender Tabelle abgebildet.

	t1	t2	t3	t4
Handelsrechtliche Ergebnis vor Steuern	460.000	468.500	477.153	485.960
- Ertragssteuern	115.000	117.125	119.288	121.490
+/- Abschreibung/Zuschreibung	525.000	535.500	546.210	557.134
+/- Änderung Nettoumlaufvermögen	-289.000	-504.000	472.000	61.000
+/- Erhöhung/Vermindung PRA	0	0	0	0
+/- Vermindung/Erhöhung ARA	0	0	0	0
- weitere zahlungsunwirksame Erträge	-40.000	-22.000	-15.000	-10.000
+ weitere zahlungsunwirksame Aufw.	0	0	0	0
+/- zahlungswirk. Des-/Investitionen	-525.000	-535.500	-546.210	-557.134
-/+ Erhöhung/Verringerung Zahlungsmittel	50.000	-20.000	10.000	-40.000
= Free Cash-Flow	-475.000	-555.500	-536.210	-597.134

Barwerte:	-461.120	-539.268	-520.542	-579.686
Marktwert Gesamtkapital:	-2.100.616			

Tabelle 21: Berechnung Marktwert Gesamtkapital mit Einfluss des CO_2 Zertifikatehandels

> *Erläuterung Tabelle 21: In obiger Tabelle wird die Berechnung des Marktwertes des Gesamtkapital abgebildet. Die Veränderungen der Zahlungsmittelbestände wurden nach einer fiktiv angenommen Tabelle ermittelt. Die Veränderungen der aktiven sowie passiven Rechnungsabgrenzung wurde schon in der Veränderung des Working Capital berücksichtigt und nicht einzeln ausgewiesen.*

Um die Berechnung des Shareholder Values beenden zu können, müssen die weiteren Komponenten berücksichtigt werden, der Marktwert des betriebsnotwendigen Vermögens und des verzinslichen Fremdkapitals *[Vgl. Mandl, 1997: 40f]*.

Den Marktwert des betriebsnotwendigen Vermögens wurde unter Punkt 4.2.1 mit 10,0 Millionen Euro abzüglich eines Abschlags für raschere Wertminderung von 20% definiert. Das betriebsnotwendige Vermögen beträgt 8,0 Millionen Euro.

Nachstehende Tabelle listet die einzelnen Komponenten des Shareholder Values nochmals übersichtlich auf.

Berechnung Shareholder Value	
Marktwert Gesamtkapital	-2.100.616
+ Marktwert betriebsnotwendiges Vermögen	8.000.000
- Marktwert verzinsliches Fremdkapital	-5.000.000
Shareholder Value	**900.000**

Tabelle 22: Shareholder Value, mit Einfluss des CO_2 Zertifikatehandel

Erläuterung Tabelle 22: Tabelle 22 stellt die Ermittlung des Shareholder Values bei Einfluss durch den Zertifikatehandel dar. Der Marktwert des Gesamtkapitals wird durch das Abzinsen der Free Cash-Flows in den Perioden des Detailplanungszeitraumes ermittelt. Das betriebsnotwendige Vermögen muss hinzugerechnet, das verzinsliche Fremdkapital wegaddiert werden. Bei beiden Positionen müssen die Marktwerte berücksichtigt werden.

4.5.4. Bewertung ohne Einfluss nach Ertragswertverfahren

Wie schon bei der Bewertung unter Einfluss des Zertifikatehandels nach dem Ertragswertverfahren ist die Ausgangsbasis wiederum das Ergebnis vor Steuern. Dieses Ergebnis kann Tabelle 13 entnommen werden. Im ersten Schritt wird das Ergebnis vor Steuern in einen Einzahlungsüberschuss umgewandelt, um anschließend die Abdiskontierung diesem mit dem berechneten Zinssatz vorzunehmen. Da die Bewertung ohne einen Einfluss des Zertifikatehandels durchgeführt wird, wird der Zinssatz neu berechnet, da das Unternehmensspezifische Risiko geringer ist, als bei einer Partizipation am Zertifikatehandel.

Position	Werte
Basiszinssatz	3,17 %
- Berücksichtigung Besteuerung	0,79 %
= entsteuerter Zinssatz	**2,38 %**
- Inflationsabschlag	2,00 %
+ Risikozuschlag	2,38 %
+ Immobilitätszuschlag	0,32 %
= Kapitalisierungszinssatz	**3,08 %**

Tabelle 23: Berechnung Diskontierungszinssatz mit Ertragswertverfahren, ohne Einfluss des CO_2 Zertifikatehandels

> *Erläuterung Tabelle 23: Tabelle 23 stellt die Berechnung des Diskontierungszins-*
> *satzes für das Ertragswertverfahren ohne dem Einfluss des Zertifikatehandels*
> *dar. Ausgehend von einem Basiszinssatz, der von der Rendite einer Bundesanlei-*
> *he abgeleitet wurde [Vgl. Online 26], wurde anschließend die Entsteuerung durch*
> *die Berücksichtigung der 25%igen Körper-schaftsschaftssteuer für inländische*
> *Kapitalgesellschaften vorgenommen. Da es sich um eine Realplanung handelt,*
> *wird die Inflationsrate in der Höhe von 2% im Diskontierungszinssatzberücksich-*
> *tigt [Vgl. Online 27]. Der Risikozuschlag wird bei dieser Bewertung geringer an-*
> *genommen als bei der Bewertung mit der Teilnahme am Zertifikatehandel. Dies*
> *lässt sich vor allem dadurch begründen, da ein sehr großer Unsicherheitsfaktor in*
> *den zukünftigen Zahlungsströmen durch den Zertifikatehandel beseitigt wird.*
> *Dadurch wurde der Zuschlag mit 75% zum Basiszinssatz festgelegt. Der Zuschlag*
> *für die schwierigere Handelbarkeit der Anteile wurde mit 10% gleich belassen.*

Die Bewertung wird mit der Umrechnung des Ergebnisses vor Steuern zu Einzah-
lungsüberschüssen fortgesetzt. Anschließend werden die Barwerte der einzelnen
Perioden für den Detailplanungszeitraum der Unternehmensbewertung berechnet.
Diese Berechnungen werden in Tabelle 24 dargestellt:

	t1	t2	t3	t4
Handelsrechtliche Ergebnis vor Steuern	2.210.000	2.253.500	2.297.853	2.343.074
+/- Aufwendungen/Erträge Anlagenabg.	-40.000	-22.000	-15.000	-10.000
+/- Abschreibung/Zuschreibung	525.000	535.500	546.210	557.134
+/- Änderung Nettoumlaufvermögen	-291.000	-492.000	462.000	51.000
+/- Änderung langfr. Rückstellungen	-2.000	12.000	-10.000	-10.000
= Operativer Cash-Flow	2.402.000	2.287.000	3.281.063	2.931.208
- Steueraufwand	552.500	563.375	574.463	585.769
= Laufender Cashflow	1.849.500	1.723.625	2.706.599	2.345.440
+/- Investitions Cash-Flow	525.000	535.500	546.210	557.134
+/- Finanzierungs Cash-Flow	-75.000	663.000	676.050	689.356
= Einzahlungsüberschuss	2.299.500	2.922.125	3.928.859	3.591.930

Barwerte:	**2.227.550**	**2.830.694**	**3.805.928**	**3.479.541**
Summe Barwerte DPZ:	**12.343.712**			

Tabelle 24: Berechnung des Barwertes im Detailplanungszeitraum mit ETW, ohne Einfluss des CO_2 Zertifikatehandels

> *Erläuterung Tabelle 24: Ausgehend vom Ergebnis vor Steuern wurden alle nicht zahlungswirksamen Aufwendungen und Erträge eliminiert und der Einzahlungsüberschuss ermittelt. Logischerweise sind im Vergleich zur Ermittlung der Einzahlungsüberschüsse mit dem Einfluss des Zertifikatehandels die Ausgangswerte höher, da die Aufwendungen für den Zukauf von Zertifikaten nicht berücksichtigt werden müssen.*

Der Unternehmenswert für den Detailplanungszeitraum von 4 Jahren wurde nun ermittelt. U die Unternehmensbewertung abschließen zu können, muss noch die zweite Komponente, der Unternehmenswert nach dem Detailplanungszeitraum, ermittelt werden. Dabei wird eine ewige Rente auf Basis der durchschnittlichen Einzahlungsüberschüsse ermittelt.

Bei der Berechnung des Continuing Value wird die Formel aus Tabelle 4, unter Berücksichtigung des unterstellten Wachstums von jährlich 2%, verwendet. Unter Berücksichtigung dieser Prämissen ergeben sich bei dieser Bewertung folgende Werte:

Berechnung Continuing Value:	
Durchschnittlicher EZÜ	3.085.928
Ewige Rente mit Diskontierungszinssatz:	280.538.914
Barwert Continuing Value:	248.289.555

Tabelle 25: Berechnung des Continuing Value mit ETW, ohne Einfluss des CO_2 Zertifikatehandels

Erläuterung Tabelle 25: Es werden in obiger Tabelle die berechneten Werte für den Zeitraum nach den 4 Perioden des Detailplanungszeitraum abgebildet. Es wird wiederum von den durchschnittlichen Einzahlungsüberschüssen die ewige Rente berechnet, unter Berücksichtigung eines Wachstums von 2%. Anschließend wird auf den Barwert abgezinst. Die Ausführungen entsprechen jenen, die bei der Berechnung des Barwertes des Continuing Values unter der Annahme der Teilnahme am Zertifikatehandel, berücksichtigt wurden.

Mit der Berechnung des Continuing Value sind alle Komponenten des Unternehmenswertes berechnet. Der Unternehmenswert setzt sich aus dem Barwert für den Detailplanungszeitraum und dem Barwert des Continuing Value zusammen. In Tabelle 26 wird die Zusammensetzung des Unternehmenswertes nochmals dargestellt.

Position	Werte
Summe Barwert Detailplanungszeitraum	12.343.712,00 €uro
+ Summe Barwert Continuing Value	248.289.555,00 €uro
= Berechneter Unternehmenswert	**260.633.267,00 €uro**

Tabelle 26: Unternehmenswert mit ETW, ohne Einfluss des CO_2 Zertifikatehandels

Erläuterung Tabelle 26: Tabelle 26 stellt abschließend den errechneten Unternehmenswert unter der Annahme, dass das Unternehmen nicht am Zertifikatehandel teilnimmt, dar. Dementsprechend wurde beim Risikozuschlag nur ein 75%iger Aufschlag zum Basiszinssatz berücksichtigt, da die Zahlungsströme berechenbarer sind und in der Realität daher weniger Abweichungen zu den tatsächlich entstandenen Zahlungsströme erwartet werden. Ein Überblick der berechneten Werte wird unter Punkt 4.5.6. nochmals dargestellt.

4.5.5. Bewertung ohne Einfluss nach DCF-Verfahren, Entity Ansatz

Als abschließendes Modell dieser Diplomarbeit wird die Unternehmensbewertung nach dem DCF-Verfahren ohne Einfluss des Zertifikatehandels durchgeführt. Als erster Schritt wird der Diskontierungszinssatz mittels CAPM festgelegt. Da es allerdings sich um eine objektivierte Berechnung des Diskontierungszinssatzes über ein Kapitalmarktmodell handelt, gibt es keine Abweichung zu dem bereits berechneten WACC von 3,01% unter Punkt 4.5.3.

Da der Diskontierungszinssatz aus Punkt 4.5.3 übernommen wird, wird gleich mit der Berechnung des Einzahlungsüberschusses ohne den Zertifikatehandel fortgesetzt. Als erster Schritt wird der Marktwert des Gesamtkapitals berechnet. Von diesem wird anschließend der Marktwert des verzinslichen Fremdkapitals, der mit 5,0 Millionen Euro angenommen wird, wegaddiert und der Marktwert des betriebsnotwendigen Vermögens hinzuaddiert.

	t1	t2	t3	t4
Handelsrechtliche Ergebnis vor Steuern	2.210.000	2.253.500	2.297.853	2.343.074
- Ertragssteuern	552.500	563.375	574.463	585.769
+/- Abschreibung/Zuschreibung	525.000	535.500	546.210	557.134
+/- Änderung Nettoumlaufvermögen	-289.000	-504.000	472.000	61.000
+/- Erhöhung/Vermindung PRA	0	0	0	0
+/- Vermindung/Erhöhung ARA	0	0	0	0
- weitere zahlungsunwirksame Erträge	-40.000	-22.000	-15.000	-10.000
+ weitere zahlungsunwirksame Aufw.	0	0	0	0
+/- zahlungswirk. Des-/Investitionen	525.000	535.500	546.210	557.134
-/+ Erhöhung/Verringerung Zahlungsmittel	50.000	-20.000	10.000	-40.000
= Free Cash-Flow	3.533.500	3.341.875	4.431.736	4.054.111

Barwerte:	3.427.255	3.241.392	4.298.483	3.932.212
Marktwert Gesamtkapital:	14.899.342			

Tabelle 27: Ermittlung des Marktwertes desGesamtkapitals ohne Einfluss des CO_2 Zertifikatehandels

Erläuterung Tabelle 27: Es wird in obiger Tabelle die Ermittlung des Marktwertes des Eigenkapitales von unserem fiktiven Unternehmen abgebildet. Es gelten die gleichen Prämissen wie bei der Ermittlung mit dem Einfluss des Zertifikatehandels. Die Veränderung der Rechnungsabgrenzungsposten ist schon in der Veränderung des Working Capital berücksichtigt worden. Weitere zahlungsunwirksame Aufwendungen, außer der bereits berücksichtigten Abschreibung, fallen in unserem fiktiven Unternehmen nicht an.

Nachdem der Marktwert des Gesamtkapitals ermittelt wurde, kann mit der Berücksichtigung der weiteren Komponenten fortgesetzt werden um den Shareholder Value zu ermitteln.

Berechnung Shareholder Value	
Marktwert Gesamtkapital	14.899.342
+ Marktwert betriebsnotwendiges Vermögen	8.000.000
- Marktwert verzinsliches Fremdkapital	-5.000.000
Shareholder Value	17.899.342

Tabelle 28: Shareholder Value, ohne Einfluss des CO_2 Zertifikatehandels

Erläuterung Tabelle 28: In dieser Tabelle wurde die Berechnung des Shareholder Values unter der Prämisse der Nichtteilnahme am Zertifikatehandel abgebildet. Ausgehend vom errechneten Marktwert des Gesamtkapitales, der bei Nichtteilnahme am Zertifikatehandel höher ist als unter der Prämisse mit Einfluss des Zertifikatehandels, wurde der Marktwert des betriebsnotwendigem Vermögen noch hinzuaddiert und der Marktwert des verzinslichen Fremdkapitals abgezogen.

4.5.6. Zusammenfassende Darstellung der Ergebnisse

Abschließend werden in nachstehender Tabelle die berechneten Unternehmenswerte mit den verschiedenen Bewertungsverfahren und mit beziehungsweise ohne den Einfluss des Zertifikatehandels dargestellt. Ebenso wurde versucht, ausgehend vom Unternehmenswert ohne Einfluss des

Zertifikatehandels, die Abweichungen, die durch den Zertifikatehandel entstehen, grafisch darzustellen. Um die Datenbasis für die Diagramme nochmals übersichtlich abzubilden, wurde die nachstehende Tabelle als Zusammenfassung der einzelnen Ergebnisse erstellt.

Bewertungsverfahren/Prämisse	Unternehmenswert
Ertragswertverfahren ohne Einfluss des CO_2 Zertifikatehandels	260.633.267,00 €uro
Ertragswertverfahren mit Einfluss des CO_2 Zertifikatehandels	20.684.215,00 €uro
Discounted Cash-Flow Verfahren, Entity Ansatz, ohne Einfluss des CO_2 Zertifikatehandels	17.899.342 €uro
Discounted Cash-Flow Verfahren, Entity Ansatz, mit Einfluss des CO_2 Zertifikatehandels	900.000 €uro

Tabelle 29: Überblick der errechneten Unternehmenswerte

Um die Auswirkungen des Zertifikatehandels besser vorstellbar zu machen, wird auf nachfolgende Grafik verweisen:

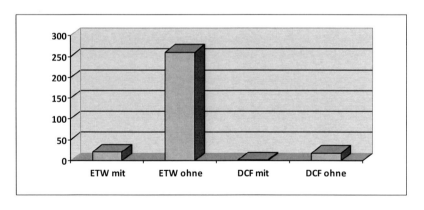

Abbildung 9: Überblick Ergebnisse der Unternehmensbewertung

Erläuterung Abbildung 9: Abschließend wurden die Ergebnisse grafisch darge-
stellt. Dadurch sollte der Einfluss des Zertifikatehandels noch deutlicher zum Aus-
druck gebracht werden. Der Einfluss ist klar ersichtlich, da sich die Unterneh-
menswerte auf Grund des Einflusses drastisch reduziert haben. Ebenso wird
durch die Grafik bestätigt, dass das verwendete Verfahren auch einen Einfluss-
faktor auf den Unternehmenswert darstellt. Die relativ großen Unterschiede in
den einzelnen Verfahren entstanden vor allem deshalb, da bei der Berechnung
des Unternehmenswertes mit dem DCF-Verfahren auf das allgemein Schema
nach Matschke zurückgegriffen, das den Vorteil aus der Berücksichtigung der
Fremdfinanzierung – im empfohlenen Schema der Kammer der Wirtschaftstreu-
händer wird dies berücksichtigt – nicht berücksichtigt.

Um den Einfluss noch deutlicher zu zeigen, wird ausgehend vom Unternehmens-
wert ohne CO_2 Zertifikatehandel die prozentuelle Verringerung auf Grund des CO_2
Zertifikatehandel berechnet. Bei der Durchführung der Bewertung mit dem Er-
tragswertverfahren verringert sich der Unternehmenswert von 260,6 Millionen
Euro auf 20,7 Millionen Euro. Dies entspricht einer Verringerung von 92,06%. Das
Unternehmen verliert über 90% seines Wertes auf Grund der Teilnahme am Zertifikatehandel. Bei der Bewertung des Unternehmens nach dem Discounted Cash-Flow
Verfahren bedingt die Teilnahme folgende Verringerung des Shareholder Value. In
dem Szenarium sinkt der berechnete Shareholder Value von ursprünglich (ohne
Teilnahme am CO_2 Zertifikatehandel) knapp 18,0 Millionen Euro auf 0,9 Millionen
Euro. Dies entspricht einer Verringerung von 99,00 %. Alleine von diesen errechneten Werten ist eindeutig erkennbar, dass der Einfluss des CO_2 Zertifikatehandels in
der Unternehmensbewertung eine essentielle Rolle spielt. Abhängig ist das Ergebnis noch von den verwendeten Bewertungsverfahren.

Es wird gezeigt, dass sich der Unterschied zwischen der Verwendung eines subjektiven Verfahrens – ein solches ist das Ertragswertverfahren – und einem objektivierten Bewertungsverfahren – dem Discounted Cash-Flow Verfahren – im Ergebnis
niederschlägt.

4.6. Plausibilitätsüberprüfung

Am Ende einer jeden Unternehmensbewertung müssen die Ergebnisse von einem Gutachter noch auf Plausibilität geprüft werden. Hinterfragt werden muss vor allem, ob alle Annahmen realistisch getroffen worden sind. Ausgehend von der Gewinn- und Verlustrechnung kann angemerkt werden, dass diese sehr realistisch angenommen wurde, da eine starke Anlehnung an eine reale Gewinn- und Verlustrechnung genommen wurde. Das jährliche Wachstum von 2% ist realistisch, da Anzeichen eines Konjunkturaufschwunges vorhanden sind.

Bei der Berechnung der Diskontierungszinssätze wurde sehr vorsichtig vorgegangen. Es wurde ein durchaus hoher Risikozuschlag verwendet und von einer niedrigeren Rendite ausgegangen. In Zeiten von einer steigenden Konjunkturkurve sind diese niedrigen Werte durchaus zu vertreten.

Das durchschnittliche Wachstum bei der Berechnung des Continuing Value kann insofern als plausibel betrachtet werden, da es Perioden geben wird, in denen ein Wachstum über 2% und unter den angenommen 2% erzielt wird. Daher kann diese 2% berücksichtigte Wachstumsrate als durchaus angebracht angesehen werden.

4.7. Resumé und Ausblick

Nachdem die Bewertungen mit und ohne Einfluss des CO_2 Zertifikatehandels durchgeführt worden sind, kamen doch teilweise sehr unterschiedliche Ergebnisse zum Vorschein. Alleine der Vergleich des Unternehmenswertes mit und ohne Einfluss, lässt darauf schließen, dass es bei der Transaktion eines Unternehmens sehr wohl ausschlaggebend ist, ob das zu bewertende Unternehmen am Zertifikatehandel partizipieren muss oder nicht. So ist bei einer subjektiven Bewertung mit dem Ertragswertverfahren der Unterschied zwischen Teilnahme und nicht Teilnahme mit knapp 240,0 Millionen Euro doch riesig. Bei einer Bewertung nach dem Discounted Cash-Flow Verfahren liegt zwischen den verschiedenen Bewertungsszenarien eine Abweichung von etwa 17,0 Millionen Euro vor. In Anbetracht dieser errechneten Werte kann sich jeder vorstellen, dass eine solche Unternehmensbewertung von immer komplexeren Umständen begleitet wird, die für jeden Gutachter eine besondere Herausforderung im Arbeitsalltag darstellen. Daher ist die Plausibilierung des Ergebnisses eine wesentliche Aufgabe nach Berechnung der Unternehmenswerte. Wurden alle Annahme auch tatsächlich so getroffen, wie diese eintreten werden oder sind die Annahmen unrealistisch? Wurde die Annahme des Wachstums für die Berechnung des Continuing Value beim Ertragswertverfahren auch mit den tatsächlichen, wirtschaftlichen Rahmenbedingungen abgestimmt?

Mit diesen Überlegungen und Herausforderungen bei zukünftigen Unternehmensbewertungen hoffe ich, dass Sie eine interessante Lektüre zum gewünschten Themenbereich gelesen haben.

5. Literaturverzeichnis

5.1. Online Medien

ONLINE 1: Mechanismen des Kyoto-Protokoll

http://www.bmu.de/klimaschutz/kyoto-mechanismen/doc/20217.php (Abruf: 11. April 2010, 22.01 Uhr)

ONLINE 2: Kyoto-Protokoll

http://www.bmu.de/files/pdfs/allgemein/application/pdf/protodt.pdf (Abruf: 11. April 2010, 21.59 Uhr)

ONLINE 3: Kyoto-Protokoll

http://unfccc.int/resource/docs/convkp/kpger.pdf (Abruf: 18. April 2010, 14.01 Uhr)

ONLINE 4: Informationen über das Kyoto-Protokoll

http://www.help.gv.at/Content.Node/100/Seite.1000320.html (Abruf: 18. April 2010, 14.51 Uhr)

ONLINE 5: Abbildung 1 – THG Emissionen im Zeitablauf

http://www.umweltbundesamt.at/umweltschutz/luft/treibhausgase/ (Abruf 18.04.2010, 15.13 Uhr)

ONLINE 6: Zertifikatepreis 2009:

http://www.euractiv.com/de/klimawandel/ruf-co2-reserve-whrend-emissionszertifikate-rekordtief-erreichen/article-179277 (Abruf 18.04.2010, 23.15 Uhr)

ONLINE 7: Zertifikatepreis am ersten Handelstag:

http://www.exaa.at/service/press/items/news44.html (Abruf 18.04.2010, 23.13 Uhr)

ONLINE 8: Preisentwicklung 2005 – 2007

http://upload.wikimedia.org/wikipedia/de/4/4e/Eua2.png   (Abruf   18.04.2010,
23.47 Uhr)

ONLINE 9: Umweltaufwendungen VOEST

http://www.voestalpine.com/ag/de/group/overview/facts.html (Abruf 19.04.2010,
20.21 Uhr)

ONLINE 10: Geschäftsbericht VOEST 2008/2009

http://www.voestalpine.com/ag/de/press/publications.ContentPar.42212.File.tmp
/voestalpine_Gesch_ftsbericht_2008-09.pdf (Abruf 19.04.2010, 20.37 Uhr)

ONLINE 11: Clean Development Mechanism

http://www.iisd.ca/journal/ronneberg.html (Abruf 02.05.2010, 20.35 Uhr)

ONLINE 12: Clean Development Mechanism

http://www.commondreams.org/headlines04/1209-08.htm   (Abruf   02.05.2010,
20.38 Uhr)

ONLINE 13: Klimaschutz nach 2012

http://www.bmu.de/klimaschutz/internationale_klimapolitik/klimaschutz_nach_20
12/doc/45900.php (Abruf 02.05.2010, 20.53 Uhr)

ONLINE 14: Information zum Übereinkommen von Marrakesh

http://www.bmu.de/klimaschutz/internationale_klimapolitik/1-
10_klimakonferenz/doc/2903.php (Abruf 02.05.2010, 21.12 Uhr)

ONLINE 15: Information zum Übereinkommen von Marrakesh

http://www.co2-handel.de/lexikon-111.html (Abruf 02.05.2010, 21.14 Uhr)

ONLINE 16: Information über Börse für Zertifikatehandel in Österreich

http://www.exaa.at/company/exaa/ (Abruf 03.05.2010, 19.50 Uhr)

ONLINE 17: Information über Zertifikatehandel an EXAA

http://www.exaa.at/static/cms/sites/exaa.at/media/downloads/CO2_Broschure_d t_2009.pdf (Abruf 03.05.2010, 20.07 Uhr)

ONLINE 18: Kyoto-Defizit in Österreich

http://www.innovation-klima.at/topics_neu/kyoto_defizit.htm (Abruf 04.05.2010, 11.28 Uhr)

ONLINE 19: Überblick Vermeidungen zur Erreichung des Kyotoziels innerhalb der Europäischen Union

http://www.innovation-klima.at/topics_neu/eu_vergleich.htm (Abruf 04.05.2010, 11.32 Uhr)

ONLINE 20: Umsetzung Kyoto-Protokoll in Österreich

http://www.umweltbundesamt.at/umweltschutz/klima/klimawandel/treibhausgas e/ (Abruf 04.05.2010, 11.38 Uhr)

ONLINE 21: Treibhausgasemissionstrend in Österreich

http://www.umweltbundesamt.at/umweltschutz/luft/treibhausgase/ (Abruf 04.05.2010, 11.42 Uhr)

ONLINE 22: KFS BW 1, Fachgutachten zur Unternehmensbewertung

http://www.kwt.or.at/desktopdefault.aspx/tabid-85/ (Abruf 13.06.2010, 19.37 Uhr)

ONLINE 23: Diskussionspaper „Bilanzierung von CO2-Emissionszertifikaten gemäß österreichischen HGB"

http://www.afrac.at/facharbeiten/download.php?fn=kGRDzRfq0r92N2SukyJG3CRe (Abruf 14.07.2010, 13.26 Uhr)

ONLINE 24: Körperschaftssteuersatz

http://www.gruenderservice.at/format_detail.wk?StID=540400&DstID=0&titel=K%

C3%B6rperschaftsteuer,%28K%C3%96St%29 (Abruf 18.07.2010, 20.06 Uhr)

ONLINE 25: Vergleich Körperschaftssteuersätze innerhalb der EU

http://www.wko.at/statistik/eu/europa-steuersaetze.pdf (Abruf 18.07.2010, 20.11 Uhr)

ONLINE 26: Sekundärmarktrendite

http://www.oenb.at/isaweb/report.do?report=2.11 (Abruf 21.07.2010, 14.11 Uhr)

ONLINE 27: Aktuelle Kreditzinsen

http://www.oenb.at/isaweb/report.do?lang=DE&report=2.10 (Abruf 25.07.2010, 01.15 Uhr)

ONLINE 28: Risikoloser Zinssatz – Zinssatz bzw. Rendite einer langjährigen Anleihe

http://www.oenb.at/isaweb/report.do?lang=DE&report=2.11 (Abruf 25.07.2010, 01.18 Uhr)

ONLINE 29: Beta-Faktor

http://www.voestalpine.com/ag/de/ir/ir.ContentPar.98861.File.tmp/Pr_fbericht.pd f (Abruf 25.07.2010, 16.24 Uhr)

ONLINE 30: Fremdkapitalzinssatz

http://www.oenb.at/isaweb/report.do?lang=DE&report=2.10 (Abruf 25.07.2010, 01.23 Uhr)

5.2. Bücher/Zeitschriften/Diskussionspaper

ANDERL, Michael et al. (2009): Klimaschutzbericht 2009, Wien, Umweltbundesamt GmbH, 2009, 1. Auflage

AUER, Kurt (2006): Jahresabschluss, erstellen – verstehen – analysieren, HGB – IFRS, 2006, 1. Auflage

BACHL, Robert (2007): Einführung in die Unternehmensbewertung, Wien, Lexis Nexis Verlag ARD Orac GmbH & Co KG, 2007, 1. Auflage

BALLWIESER, Wolfgang (2007): Unternehmensbewertung – Prozess, Methoden und Probleme, Stuttgart, Schäffer-Poeschel Verlag, 2007, 2. Auflage

BELLINGER, Bernhard et al. (1992): Unternehmensbewertung in Theorie und Praxis, Wiesbaden, Gabler Verlag, 1992, 2. Auflage

BORN, Karl (1995): Unternehmensanalyse und Unternehmensbewertung, Stuttgart, Schäffer-Poeschel Verlag, 1995, 1. Auflage

BINDER, Andre et al. (2005): Vom Kyoto-Protokoll zum Zertifikatehandel, Norderstedt, Grin Verlag, 2005, 1. Auflage

DRUKARCZYK, Jochen (1998): Unternehmensbewertung, München, Verlag Franz Vahlen GmbH, 1998, 2. Auflage

ERNST, Dieter et al. (2003): Unternehmensbewertungen erstellen und verstehen – ein Praxisleitfaden, München, Verlag Franz Vahlen GmbH, 2003, 1. Auflage

FLEISCHER, Werner (2005): Diskussionspapier „ Bilanzierung von CO2-Emissionszertifikaten gemäß österreichischen HGB", Wien, AFRAC, 2005, 1. Auflage

FREY, René L. et al. (1993): Mit Ökonomie zur Ökologie, Basel/Frankfurt am Main, Helbing & Lichtenhahn, 1993, 2. Auflage

HACHMEISTER, Dirk et al. (1998): Der Discounted Cash Flow als Maß der Unternehmenswertsteigerung, Frankfurt am Main, Peter Lang – Europäischer Verlag der Wissenschaften, 1998, 2. Auflage

HAESELER, Herbert et al. (2007): Unternehmensbewertung – Grundlagen der Bewertung von Unternehmen und Beteiligungen, Wien, Lexis Nexis Verlag ARD Orac GmbH & Co KG, 2007, 2. Auflage

KUHNER, Christoph et al. (2006): Unternehmensbewertung, Heidelberg, Springer Verlag, 2006, 1. Auflage

MANDL, Gerwald et al. (1997): Unternehmensbewertung – Eine praxisorientierte Einführung, Wien, Überreuter Verlag, 1997, 1. Auflage

MATSCHKE, Manfred Jürgen et al. (2005): Unternehmensbewertung, Funktionen – Methoden – Grundsätze, Wiesbaden, Betriebswirtschaftlicher Verlag Dr. Th. Gabler/GWV Fachverlage GmbH, 2005, 1. Auflage

RENZ, Henning (1995): Zeitschrift für Umweltpolitik und Umweltrecht 2 – Fachartikel über „Joint Implementation in der internationalen Umweltpolitik", Frankfurt am Main, Verlag Recht und Wirtschaft GmbH, 1995, 24. Jahrgang

SCHULTZE, Wolfgang (2000): Methoden der Unternehmensbewertung – Gemeinsamkeiten, Unterschiede, Perspektiven, Düsseldorf, IDW-Verlag GmbH, 2000, 1. Auflage

5.3. Richtlinien

Richtlinie 2003/87/EG, Richtlinie des Europäischen Parlaments und des Rates vom 13. Oktober 2003 über ein System für den Handel mit Treibhausgas-emissionszertifikaten in der Gemeinschaft und zur Änderung der Richtlinie 96/61/EG des Rates.

I. Abbildungsverzeichnis

II. Tabellenverzeichnis

III. Abkürzungsverzeichnis

AFRAC	Austrian Financial Reporting and Auditing Committee
BU	Böhler Uddeholm
CAPM	Capital Asset Pricing Model
CDM	Clean Development Mechanismus
CV	Continuing Value
DCF	Discounted Cash Flow
DPZ	Detailplanungszeitraum
EBT	Ergebnis vor Steuern
EG	Europäische Gemeinschaft
EK	Eigenkapital
EU	Europäische Union
ERU	Emission reducted Units
ETW	Ertragswertverfahren
EZÜ	Einzahlungsüberschüsse
f	Folgeseite
ff	Folgenden Seiten
FCF	Cash Flow aus der Finanzierungstätigkeit
FK	Fremdkapital
FTE	Flow to Equity
GK	Gesamtkapital
GuV	Gewinn- und Verlustrechnung
i	Zinssatz
ICF	Cash Flow aus den Investitionstätigkeiten
KFS BW 1	Fachgutachten zur Unternehmensbewertung
KMU	Klein- und Mittelbetriebe
OCF	Cash Flow aus der operativen Tätigkeit
ÖTOB	Österreichische Termin- und Optionenbörse

Vgl.	Vergleiche
w	Wachstum
WACC	weighted average cost of capital